Helga Thieroff

Die Originalität der Hochbegabten

HOCHBEGABUNG
Biographisch

Band 4

LIT

Helga Thieroff

Die Originalität der Hochbegabten

Ausgewählte Lebensentwürfe

LIT

∞
Gedruckt auf alterungsbeständigem Werkdruckpapier entsprechend
ANSI Z3948 DIN ISO 9706

Bibliografische Information der Deutschen Nationalbibliothek
Die Deutsche Nationalbibliothek verzeichnet diese Publikation in der Deutschen Nationalbibliografie; detaillierte bibliografische Daten sind im Internet über http://dnb.dnb.de abrufbar.

ISBN 978-3-643-15004-2 (br.)
ISBN 978-3-643-35004-6 (PDF)

Verlagskontakt:
Fresnostr. 2 D-48159 Münster
Tel. +49 (0) 2 51-62 03 20
E-Mail: lit@lit-verlag.de https://www.lit-verlag.de

Auslieferung:
Deutschland: LIT Verlag, Fresnostr. 2, D-48159 Münster
Tel. +49 (0) 2 51-620 32 22, E-Mail: vertrieb@lit-verlag.de

Für alle Mütter und Väter von hochbegabten Kindern

Für alle spät entdeckten und noch nicht entdeckten Hochbegabten

INHALT

Gute Gründe für dieses Buch

Schon wieder ein Buch über Hochbegabung? Ist denn nicht schon alles zu diesem Thema geschrieben worden? Das mag sich der eine oder andere, der dieses Buch in die Hand nimmt, fragen.

Ich meine: nein. In den meisten Schriften über Hochbegabung werden die Probleme begabter junger Menschen in Schule und Gesellschaft thematisiert – ein wichtiges und richtiges Anliegen, das in der Tat nicht außer Acht gelassen werden kann, wenn man sich dem Phänomen der Hochbegabung annähern will. Da die Verflechtung von Anderssein, Genialität und Tragik im jungen Alter besonders eklatant zutage tritt und Einfluss auf den ganzen weiteren Lebenslauf der Betroffenen nimmt, werden auch im vorliegenden Buch einige Kapitel dieser Thematik gewidmet – als Lebensentwürfe für bzw. mit außergewöhnlich begabten Kindern. Sie entstammen zum einen meiner persönlichen Betroffenheit als Mutter und zum anderen meiner professionellen Arbeit mit hochbegabten jungen Menschen und ihren Familien. Den Fokus aber möchte ich auf einen anderen, bislang wenig beschriebenen Aspekt lenken: auf die Lebensentwürfe von begabten Menschen, die nicht im Rampenlicht stehen und dennoch mit Kreativität, leidenschaftlichem Engagement und einem eigenständigen, normsprengenden Denken und Handeln wertvolle Akzente in der Gesellschaft setzen.

Ihre Lebensläufe sind von großer Originalität geprägt und zeigen auf, was eine hohe Begabung für das Meistern des eigenen Lebens bedeutet oder auch bedeuten kann. Indem sie mit ihrer Geradlinigkeit, Willensstärke und Leistungsbereitschaft Vorbildcharakter haben, können die Protagonisten dieser Schrift auch andere strebsame Menschen, die im Leben reüssieren wollen, inspirieren und ihnen Orientierung bei der eigenen Lebensgestaltung geben.

Die hier vorgestellten Menschen sind überzeugend und glaubwürdig, weil sie nicht das abgehobene Leben von Prominenten führen, sondern unter uns, in der Mitte der Gesellschaft weilen. Und sie sind zahlreicher, als man vielleicht denken mag. Wer aber sind diese begabten Hochleistungsmenschen und wo findet man sie? Mit ziemlicher Sicherheit sind es der Mathematiker, die Astrophysikerin und der Ausnahmemusiker – kurz: die Triebwerke unseres zivilisatorischen und kulturellen Fortschritts. Vielleicht ist es aber auch der eigene Partner, den man in mancher Hinsicht noch nie so richtig verstanden hat, oder die fachlich versierte Kollegin, die wegen ihrer etwas „komischen“ Art privat gemieden wird, oder auch der engagierte Lehrer des Sohnes oder der Tochter, der seine Schüler im Unterricht mitzureißen weiß.

Mit den Geschichten der Protagonisten dieses Buches erhält der Leser somit nicht nur Informationen über Hochbegabung, sondern erfährt zugleich ein Stück Gesellschaft. Die Menschen, die hier porträtiert werden, stehen für einen wichtigen, ja gewichtigen Teil der Gesellschaft, der als Motivation und Anerkennung für seine Schaffenskraft unser aller Unterstützung und Anerkennung verdient und auch benötigt.

Prolog

Wenn man mich fragt, was ich beruflich mache, antworte ich: Ich helfe, Lebensentwürfe zu planen.

Meine Klienten sind Kinder, Jugendliche und junge Erwachsene, die durch besondere Begabung auffallen, sei es im intellektuellen oder im kreativen Bereich. Oft sind es Kinder, die mit zwei Jahren alle Buchstaben und Zahlen kennen, im Kindergarten schon lesen und mehrstellig im Kopf rechnen, sich im Vorschulalter auf hohem Niveau für Schach interessieren oder virtuos Klavier spielen und später in der Lage sind, sich den Schulstoff mehrerer Jahre innerhalb kürzester Zeit anzueignen. Das ist die eine Seite der Medaille, die Bewunderung und mitunter auch Neid auf sich zieht.

Es gibt jedoch auch eine Kehrseite: Je stärker diese Kinder von der Norm abweichen, umso weniger können sie sich in Lern- und Spielgemeinschaften integrieren. Kinder mit höchster Begabung haben zumeist nur wenige Freunde und ecken bei Erziehern und Lehrern an, denn sie werden oft als besserwisserisch, hyperaktiv und querulantisch empfunden. Ihr großer Eifer und ihr hohes Empfindungsvermögen werden als abnorm abgestempelt, ihr ständiges Nachfragen als Aufmüpfigkeit interpretiert und ihre unerschöpfliche Fantasie als Unaufmerksamkeit und Realitätsferne fehlgedeutet. Kurzum: Sie stören. Von Psychologen werden diese extremen Formen der Begabung oft in die Nähe des Autismusspektrums gerückt.

Die Kinder aber leiden unter der Ablehnung und Ausgrenzung, ziehen sich entweder in ihr inneres Schneckenhaus zurück oder schlüpfen, um Aufmerksamkeit heischend, in die Rolle des Klassenclowns – mit der Folge, dass sie noch mehr stören und noch weniger als zugehörig wahrgenommen werden. Hinzu kommt eine quälende Langeweile, wenn im streng reglementierten Schulalltag die Impulse für ihren Hochleistungsintellekt nicht ausreichen. Für viele Kinder sind die Folgen verheerend: Sie verlieren schlicht die Lebensfreude, schlittern in eine anhaltende Depression oder spielen in ihrer Verzweiflung gar mit Suizidgedanken.

Den Eltern, die sich ratsuchend an mich wenden, geht es nicht darum, für ihre begabten Kinder eine Bilderbuchkarriere zu planen. Ganz im Gegenteil, sie sind verunsichert oder in großer Sorge um ihre Kinder und wünschen sich nichts sehnlicher, als dass ihr besonderes Kind ohne bleibende seelische Schäden durch die Schulzeit kommt und zu einem ausgeglichenen jungen Menschen heranwächst.

Meine Hilfe setzt bei der Diagnostik an: Mit validierten psychologischen Tests erfasse ich das intellektuelle Potenzial meiner jungen Klienten und arbeite dann zusammen mit den Eltern, stets in Abhängigkeit von der individuellen Gesamtsituation, einen Plan aus, der Abhilfe schaffen soll. Bei dem einen Kind kann das die zeitgerechte Einschulung sein, bei dem anderen das Überspringen von einer oder sogar zwei Klassen, und in ganz besonderen Fällen, wenn es die Situation erfordert, schrecke ich auch davor nicht zurück, für einen Siebenjährigen die Anmeldung ans Gymnasium zu empfehlen.

Es geht dabei immer darum, Nutzen und Risiken gegeneinander abzuwägen und den Weg zu gehen, der im konkreten Fall den größten Erfolg verspricht.

Es sind schwierige Entscheidungen, von denen das Wohl ganzer Familien abhängt. Ich traue sie mir zu, weil ich, neben meiner persönlichen Betroffenheit durch den eigenen Sohn, solche Kinder seit fast dreißig Jahren professionell begleite und es gelernt habe, ihre Bedürfnisse zu erkennen und zu verstehen. Ich kämpfe in Kindergärten und Schulen für die Durchsetzung meiner Empfehlungen, ich werbe in Regelbildungseinrichtungen für ein besseres Verständnis der Sorgen und Nöte der kleinen Überflieger und die Akzeptanz ihres Andersseins. Vor zwanzig Jahren habe ich eine bis heute erfolgreich agierende Samstagsschule für begabte junge Menschen ins Leben gerufen, in der meine kleinen Schützlinge die intellektuelle und emotionale Unterstützung erhalten sollen, die sie so dringend benötigen. Ich tue alles, um diesen wunderbaren jungen Menschen, die ich fast immer als höflich, brillant kommunizierend und angenehm im Umgang erlebe, den Weg in ein weniger beschwertes Leben zu ebnen.

Es gehört zur Wahrheit, dass ich nicht allen Familien, die sich hilfesuchend an mich wenden, dauerhaft helfen kann. Gesamtkonstellationen können mitunter so ungünstig sein, dass ein Auffangen der Kinder trotz größter Mühen nicht möglich ist. In jedem dieser Fälle blutet mir das Herz. Zur Wahrheit gehört aber auch, dass mein Konzept der Beratung und individuellen Förderung in der überwältigenden Mehrzahl der Fälle aufgeht und ich glücklich bin, wenn mir die Eltern erzählen, dass ihre Kinder aufgeblüht sind und ihr verlorenes Lachen wiedergefunden haben.

Dann stelle ich mir diese Kinder als Erwachsene vor, und sehe großartige Menschen vor mir. Menschen mit besonderen Fähigkeiten, so wie es viele meiner Freunde und Weggefährten sind. Ich stelle fest, dass mich solche Menschen faszinieren und ich im Laufe der Jahre immer mehr ihre Nähe gesucht habe und sie auch heute noch suche. Diese Menschen sind gebildet, haben in vielen Bereichen ein enormes Wissen, sind brillant, kreativ, eloquent und humorvoll – und dabei wunderbar eigen. Oft sind sie menschenscheu, leben zurückgezogen und bauen sich einen Panzer aus Alltagsritualen auf, den sie zur Bewältigung ihrer vielen und mitunter auch großen Aufgaben brauchen. Oft können sie sich nicht gut in andere Menschen hineinversetzen, sind aber zumeist hochempfindsam und würden ohne ihre künstlich errichtete Schutzmauer unter der Last ihrer überbordenden Gefühle zerbrechen.

Hinter der Fassade aus starren Alltagsritualen sehe ich Menschen mit unglaublich feinen Antennen für die Außenwelt und einer extremen Gefühlstiefe, die sie einerseits verletzlich macht, andererseits aber auch zu Verlässlichkeit, Ehrlichkeit und dauerhaften Beziehungen befähigt. Sie können durchaus liebevolle zwischenmenschliche Beziehungen aufbauen, doch brauchen sie dafür, wie auch ihre jüngeren Pendants, eine Atmosphäre der Akzeptanz. Ist diese gegeben, können sie aus sich herausgehen und mit erstaunlichen kommunikativen Fähigkeiten überraschen. Ihre Lebensentwürfe sind trotz einer wertekonservativen Einstellung oft sehr unkonventionell, was sie in Verbindung mit ihrer außergewöhnlichen intellektuellen Leistung mitunter – aber keineswegs immer! – als „Freaks“ erscheinen lässt. Dabei sind es der schier unstillbare Hunger nach geistigen Impulsen und die überbordende Gefühlswelt, die sich mit einer herkömmlichen Lebensform in der Regel nicht vereinbaren lassen.

In einer Welt, die den Schein menschlicher Perfektion zum Primat erhebt, möchte ich eine Lanze brechen für diese grundehrlichen, unvollkommenen und doch so wunderbaren Menschen, die dem zeitgeistbefeuerten Jahrmarkt der Eitelkeiten eine klare Absage erteilen – nicht, weil sie es so wollen, sondern weil sie als Unbeugsame und Unbestechliche gar nicht anders können. Als Kinder haben sie es schwer in der Gesellschaft, als Erwachsene werden sie nicht selten kopfschüttelnd belächelt, doch werden sie für ebendiese Gesellschaft als Leistungsträger dringend gebraucht. Es ist daher an der Zeit, Brücken zu bauen und einen anderen Blick auf diese besonderen Menschen, ob groß oder klein, zu werfen.

Was ein Leben mit Hochbegabung oder an der Seite von Hochbegabten bedeuten kann, schildere ich in den nachfolgenden Kapiteln – zunächst aus meiner eigenen Sicht als Mutter eines höchstbegabten Kindes sowie als Sozialunternehmerin, die sich für die Belange von hochbegabten jungen Menschen einsetzt, weiterhin am Beispiel einiger ganz besonderer Kinder aus meiner Beratungstätigkeit und schließlich anhand der Biografien von ausgewählten hochbegabten Erwachsenen aus meinem Umfeld, allesamt Gestalter der Gesellschaft. Mit dieser Schrift möchte ich vor allem eines zeigen: Dass hohe und insbesondere auch höchste Begabung alles andere als Selbstläufer für den perfekten Lebenslauf sind, sondern sich vielmehr erst im Zuge einer frühzeitigen und angemessenen Unterstützung und Förderung – einschließlich der Akzeptanz des Andersseins – gewinnbringend entfalten können. Nur dadurch können den Betroffenen leidvolle Irrwege der Selbsterfahrung erspart werden. In einem Nachwort gehe ich der Frage nach, welche Eigenschaften es neben dem hohen Potenzial sind, die die porträtierten Erwachsenen zu ihren außergewöhnlichen Leistungen befähigen, denn aus der Begabungsforschung wissen wir, dass hohes Potenzial nur die Voraussetzung für hohe Leistung, nicht aber die Leistung selbst ist.

Kommen Sie mit auf die Reise, wagen Sie einen Blick in die Welt der Protagonisten, tauchen Sie ein in ihre Lebensentwürfe, lachen, weinen, staunen und hoffen Sie mit ihnen und versuchen Sie vor allem eines: sie zu verstehen.

Die Mutter

Kai war mein einziges Kind. Er war eine wunderschöne Bereicherung und zugleich die größte Herausforderung meines Lebens. Er stieß für mich ein Tor zu einer anderen Welt auf, die ich seither, und das ist nun schon über dreißig Jahre her, nie wieder verlassen habe.

Schon in Kais ersten Jahren merkte ich, dass er anders war als andere Kinder. Ein messerscharfer, analytischer Verstand paarte sich bei ihm mit einer tiefen Emotionalität, was sich im Kleinkindalter einerseits in einer ermüdenden Frageflut und andererseits in wütendem Protest äußerte, wenn seine Bedürfnisse unbefriedigt blieben. Kai lernte rasend schnell, er sog Wissen auf wie ein Schwamm. Besonders schnell und eindrucksvoll entwickelten sich ab dem zweiten Lebensjahr seine sprachlichen Fähigkeiten und sein Assoziationsvermögen.

War ich stolz auf meinen Sohn? Bestimmt war ich das, so wie jede Mutter stolz auf ihr kluges Kind ist. Aber je älter Kai wurde, umso mehr wich die Freude über seine Fortschritte einer tiefen Sorge um seine persönliche Zukunft – und auch um unsere Zukunft als Familie. Würden wir es schaffen, die intellektuellen und emotionalen Bedürfnisse unseres Sohnes zu befriedigen, ihn zu stärken und als einen selbstbewussten, in sich ruhenden jungen Mann in die Welt zu entlassen? Würde unsere Familie diesem Druck standhalten? Wie sollten wir mit dem Druck von außen umgehen, der Kai in eine Norm zu pressen versuchte, der er nicht entsprach und auch nie entsprechen würde? Das waren die Fragen, die uns in jener Zeit beschäftigten.

Kai lechzte nach immer neuen Impulsen. Konnten wir Eltern nicht genügend geistiges Futter für ihn auftreiben, wurde er unleidlich. Für mich als Mutter, die sich hauptsächlich um das Kind kümmerte, bedeutete dies einen Spießrutenlauf von Aktivität zu Aktivität, von Anregung zu Anregung, denn ich erkannte früh, dass ich dieses Kind nicht mal einfach, wie mir von verschiedenen Seiten empfohlen wurde, sich selbst überlassen konnte. Mein besonderes Kind brachte mich an die Grenze meiner Belastbarkeit.

Zum ersten Mal ließen wir Kai testen, als er fünf Jahre alt war – wohl wissend, dass ein Intelligenztest in so jungen Jahren nur begrenzt aussagefähig ist. Der Test bescheinigte Kai eine allgemeine intellektuelle Hochbegabung. Einige Jahre später, an der Schwelle zur Pubertät, ließen wir Kai erneut testen. Der ermittelte IQ-Wert ließ uns Eltern den Atem stocken. Er erklärte die sich immer weiter zuspitzende Situation, die wir seit Kais Schuleintritt erlebt hatten.

In den Jahren nach Kais Einschulung schrumpfte mein eigener Lebensentwurf zu einem minimalistischen, aber existenziell notwendigen Plan zusammen, in dessen Mittelpunkt die Frage stand, wie ich meinen Sohn unbeschadet durch die Schulzeit bringen, und später, wie ich ihn überhaupt im Leben halten könnte. Langfristige Planungen waren nicht möglich, wir mussten mehrmals den eingeschlagenen Kurs ändern und ich lernte es, im Coaching meines Sohnes unerschrocken, kreativ und flexibel zu werden.

Kais Schullaufbahn glich einer Achterbahnfahrt. Es zeigte sich zwar immer wieder deutlich, dass sein Leistungspotenzial riesig war, doch konnte er dieses Potenzial über weite Strecken nicht abrufen, weil das Milieu „Schule“ mit seinem starren, für ihn im wahrsten Sinne des Wortes geisttötenden Curriculum wie auch die mangelnde Akzeptanz seiner Person durch viele Mitschüler und Lehrer ihm dies nicht erlaubten. Prägend für diese Zeit waren die zahlreichen Schulwechsel, die nach seinen seelischen Abstürzen immer wieder notwendig wurden. Ungünstig auf ihn wirkte sich auch unser Umzug aufs Land aus. Hier gab es noch weniger Verständnis für sein Anderssein, noch weniger Forderung und Förderung seitens der Schule, und es gab noch nicht einmal Museen, Theater und Ausstellungen, die seinem regen Geist Impulse hätten setzen können. Kai litt. Eine Ahnung von der Dunkelheit in seiner Seele erhielt ich zum ersten Mal, als er mit neun Jahren, in der vierten Klasse, krank wurde. Er litt unter entsetzlichen Migräneanfällen und verweigerte auch an besseren Tagen den Schulbesuch.

In dieser dunklen Zeit schrieb Kai eine kurze und prägnante, in ihrer Einfachheit geniale Fabel, in der er erstmals den Wunsch äußerte, wegen seines unabänderlichen Andersseins aus dem Leben zu scheiden. Ich war zutiefst alarmiert und beschloss, mir in einer psychiatrischen Klinik professionelle Hilfe zu suchen. Doch für Kinder wie Kai gab es zu jener Zeit keine Hilfe, seine hohe Begabung und die daraus resultierende Unterforderung in der Schule und in anderen Lebensbereichen wurden nicht als der Kern des Problems erkannt. Wir hofften, dass der anstehende Wechsel aufs Gymnasium die Wende bringen würde.

Am Gymnasium ging es Kai zu Beginn tatsächlich deutlich besser. Er knüpfte Freundschaften und war anfangs bei den Lehrern beliebt.

Doch nach seinem Eintritt in die gymnasiale Mittelstufe wendete sich das Blatt. Er vollzog eine beeindruckende Metamorphose vom ausgeglichenen, anpassungsbereiten Schüler und Kameraden zum eigenwilligen, streitbaren Jugendlichen. Schon äußerlich setzte er sich von seinen Mitschülern ab: Er trug jetzt nur noch schwarze Anzüge und, passend dazu, einen Alukoffer anstelle des Schulranzens. Der echte, unverfälschte Kai kam nun zum Vorschein, und dieser eckte mit seiner unerschütterlichen Direktheit und dem unbestechlichen Einstehen für Wahrheit und Gerechtigkeit bei den Lehrern zunehmend an. Seine Mitschüler hingegen akzeptierten und respektierten ihn mehrheitlich in seinem Anderssein.

In der neunten Klasse verweigerte Kai abermals den Schulbesuch. Er wurde wieder von heftigen Migräneanfällen geplagt und hielt sich monatelang nur noch zu Hause auf. Es wurde klar, dass er nicht mehr ans Gymnasium zurückkehren würde. Eine mehrwöchige Sprachreise nach Malta festigte ihn immerhin so weit, dass er im darauffolgenden Herbst an einem privat geführten Lehrinstitut die Vorbereitung für die Schulfremdenprüfung antreten konnte. Dass es uns gelungen war, Kai bei seinem zweiten Absturz aufzufangen, erscheint mir heute noch wie ein Wunder.

In jener Zeit dachte ich viel über meinen Sohn und über meinen eigenen Werdegang nach und kam nicht umhin, erstaunliche Parallelen festzustellen. Wie Kai heute, war auch ich vor Zeiten das in unserer fränkischen Dorfgemeinschaft misstrauisch beäugte Außenseiterkind. Ich fühlte mich von den Kindern in meinem Umfeld unverstanden und hatte in der Grundschulzeit nur wenige tiefergehende soziale Kontakte. Mit der einzigen Freundin, die ich hatte, zogen wir durch die Gärten, spielten Cowboy und Indianer und lasen Karl-

May-Bücher. Ich war alles andere als ein typisches Mädchen, doch mit einem „Wildfang“, wie ich es war, konnten auch die Jungs nicht viel anfangen und sie machten mir das Leben schwer, wo es nur ging. Damit saß ich zwischen allen Stühlen und konzentrierte mich fortan auf das, was ich am besten konnte und auch leidenschaftlich gerne tat: mich für Schwächere einzusetzen. So saß ich in der Dorfschule vor Unterrichtsbeginn auf meinem Platz und spitzte für Kinder aus sozial benachteiligen Familien die Bleistifte, damit der Lehrer sie für ihr Versäumnis nicht bestrafte. Als wir für eine Schulaufführung das Stück „Hänsel und Gretel“ probten, übernahm ich bereitwillig die Rolle der Hexe, die zuvor alle anderen Kinder angewidert abgelehnt hatten. Auch sonst war ich im Spiel jederzeit bereit, den unliebsamen Bösewicht zu mimen. Heute ist mir klar, dass ich ein unkonventionelles Kind war und einen eigenen Kopf hatte, mit dem ich gerne auch mal durch die Wand ging. Ich konnte meinen Sohn nur allzu gut verstehen und schwor mir, ihn niemals, auch nicht bei seinen am wenigsten nachvollziehbaren Handlungen, im Stich zu lassen.

Die Schulfremdenprüfung, deren Ziel das Vorrücken in die gymnasiale Oberstufe war, bestand Kai mühelos, und er entschied sich für die gymnasiale Stufe eines Berufskollegs. Mit fünfzehn Jahren zog er von zu Hause aus und besuchte die Schule von einem Apartment aus, das wir für ihn in der Stadt gemietet hatten. Es wurde eine gute Zeit für ihn, in der er sich in Selbstständigkeit übte und neue Freundschaften schloss.

Von da an nahm Kai seine Angelegenheiten selbst in die Hand, und wir Eltern mussten den Entwicklungen mit bangem Herzen von der Seitenlinie aus zusehen. Kai ging nach der zwölften Klasse von der Schule ab und hatte damit nur das Fachabitur, nicht aber das zum Universitätsstudium berechtigende allgemeine Abitur in der Tasche. Von dem Schritt, die Schule vorzeitig zu verlassen, konnte ihn niemand abbringen.

Doch hatte er einen Plan, wie er sich auch ohne die allgemeine Hochschulreife den lang gehegten Wunsch des Jurastudiums erfüllen würde. Schon als junger Gymnasiast hatte Kai, getrieben durch seinen ausgeprägten Gerechtigkeitssinn, die Beschäftigung mit der Rechtslehre als Steckenpferd entdeckt. Der Entschluss, Jura zu studieren, stand schon lange vor seinem Schulabgang fest.

Mit seinem Schulzeugnis und einem fulminanten Motivationsschreiben bewarb er sich an mehreren Universitäten in Großbritannien, und es wurde ihm tatsächlich ein Studienplatz auf der Insel angeboten. Den vorgeschriebenen Sprachtest bestand er mit Bestnote – im Schulzeugnis hatte es bezeichnenderweise nur für eine Vier gereicht –, und so stand seinem Umzug nach England nichts mehr im Wege. Um den Umzug und die Wohnungssuche kümmerte er sich selbst, und mit dem Studium begann die vielleicht beste Phase in seinem Leben. Die liberale Denk- und Lebensweise der Briten sagten ihm zu, und zum ersten Mal vernahmen wir von ihm die Aussage, er sei zufrieden mit seinem Leben und glücklich.

Doch dann geschah etwas, womit niemand, nicht einmal Kai selbst, gerechnet hatte: Mein Sohn verliebte sich. Er, der sonst nie die Kontrolle über sich verlor, der die Welt immer durch das Prisma der Vernunft betrachtete, hatte eine junge Frau kennengelernt und sich mit der ganzen Tiefe der Gefühle, zu der hochempfindsame Menschen fähig sind, verliebt. Doch Kais Gefühle wurden nicht erwidert. Sein Einsatz war hundertprozentig, und ebenso vollständig war auch sein Verlust. Der Weltschmerz, der seit jeher ausbruchsbereit in den

Tiefen seiner Seele schlummerte, brach sich ungehindert Bahn. Aus dem Chaos seiner Gefühle, über die er die Kontrolle verloren hatte, zog mein Sohn, der Unbeugsame, der schon immer unbeirrt seinen Weg gegangen war, die einzige für ihn folgerichtige Konsequenz: Er setzte seinem Leben ein Ende.

*

Die tiefe Trauer, die mich nach Kais Tod ergriffen hatte, wich nach und nach einer Gewissheit: Ich musste Kais Geschichte veröffentlichen. Das Buch, das ich schrieb*, schuldete ich nicht nur meinem Sohn. Ich hatte begriffen, dass es einer breiten öffentlichen Aufmerksamkeit bedarf, um die gesellschaftliche Situation solch besonderer Menschen wie Kai zu verbessern. Auch wollte ich Familien, die mit ihren hoch- und höchstbegabten Kindern ähnlich verzweifelte Schulsituationen erleben, wie es bei uns der Fall war, Mut machen: Dass es sich lohnt, diesen außergewöhnlichen Kindern zuzuhören, sie in ihrer Eigenheit zu respektieren und zu akzeptieren, für sie einzustehen und wenn nötig, mit ihnen auch unkonventionelle Wege zu gehen. Denn jedes einzelne dieser Kinder hat die Chance verdient, zu einer selbstbestimmten, starken Persönlichkeit heranwachsen zu können.

* Helga Thieroff: Vom Schmerz der Hochbegabung. Mein Sohn, der anders war. Erzählt und theoretisch betrachtet. LIT Verlag Dr. W. Hopf Berlin 2016, ISBN 978-3-643-13502-5

Die Sozialunternehmerin

Mein Sohn Kai öffnete mir die Tür zu einer Welt, in der Äußerlichkeiten und der schöne Schein keine Rolle spielten, dafür umso mehr Aufrichtigkeit, Standhaftigkeit, Leistungsstärke und eine neugierige und beständige Suche nach der Wahrheit. Ich fand Gefallen an dieser Welt, sah aber auch, dass diese besonderen jungen Menschen und ihre Familien oft auf verlorenem Posten, mit dem Rücken zur Wand kämpften. Was sie wollten, waren keine Sonderbehandlung und Privilegien, sondern vielmehr die Anerkennung ihrer Daseinsberechtigung und die Schaffung von Strukturen, die ihnen eine ungebremste, freie Entfaltung ermöglichen.

Mein soziales Gewissen, das sich schon in der frühen Schulzeit bemerkbar gemacht hatte und mich mit Vehemenz für die Schwachen und Benachteiligten einstehen ließ, regte sich erneut. Ich sah auf der einen Seite diese brillanten jungen Menschen, die ich trotz aller Ecken und Kanten, die sie auch hatten, in ihrer Ehrlichkeit und Geradlinigkeit lieb gewonnen hatte, auf der anderen Seite sah ich aber auch, dass sie so gut wie keine Fürsprecher in der Gesellschaft und in der Politik hatten. Es waren die 1990er Jahre, Hochbegabung war noch kein gesellschaftlich diskutiertes Thema und Begabtenförderung praktisch ein Fremdwort.

Ich besann mich auf meine beruflichen Wurzeln zurück, die im pädagogischen und psychologischen Bereich liegen, und beschloss, mich auf professioneller Basis für die Belange von hoch- und höchstbegabten Kindern und ihren Familien einzusetzen. Ich gründete eine pädagogisch-psychologische Praxis, in der ich betroffenen Familien bis zum heutigen Tag mit Rat und Tat zur Seite stehe. Ich biete Tests zur IQ-Ermittlung an und bespreche, je nach Testergebnis sowie Persönlichkeit und Umfeld des mir vorgestellten Kindes, mit den Familien die weitere Vorgehensweise. Ich unterstütze die Eltern bei der Suche nach einem passenden Bildungsweg für ihre Kinder, wohl wissend, dass dieser von einer herkömmlichen Schulkarriere deutlich abweichen kann, und setze mich mit pädagogisch-psychologischen Gutachten für das Erreichen der gemeinsam erarbeiteten Ziele ein. Daneben zeige ich den Eltern Möglichkeiten auf, wie sie ihre wissbegierigen Kinder abseits der Schule optimal fördern können.

Ich berate Lehrer und Erzieher rund um das Thema der kindlichen Hochbegabung, denn es ist mir wichtig, das Bewusstsein für dieses Phänomen in Bildungseinrichtungen zu schärfen. Denn auch heute noch herrscht im Umgang mit hoch- und höchstbegabten Kindern oft Rat- und Hilflosigkeit, und immer noch schlittern junge Menschen, die ihr Anderssein nicht selbst bewältigen können, in tiefe Krisen. Mit meiner Arbeit möchte ich einen Beitrag dazu leisten, dass solche Leidenswege den betroffenen Familien erspart bleiben. Hochbegabung sollte als das begriffen werden, was sie in Wirklichkeit ist: eine extreme Spielart der menschlichen Begabung, die ebenso wie ihr Gegenstück am anderen Ende des Spektrums, die Minderbegabung, einer selbstverständlichen Akzeptanz und zielgerichteten Förderung bedarf.

Diesen Kampf führe ich nicht allein, ich habe Kollegen und Mitstreiter, die sich ebenso wie ich für die Förderung und Akzeptanz begabter Kinder einsetzen. Gemeinsam haben wir in den vergangenen Jahren auf gesellschaftlicher und politischer Ebene viel erreicht. Die Situation von jungen Menschen mit hohem Leistungspotenzial hat sich gegenüber den 1990er Jahren, als ich mich mit Kai so alleingelassen und verloren gefühlt hatte, erheblich verbessert. Dennoch sind, das zeigen die aktuellen Fälle in meiner Praxis ganz deutlich, noch nicht alle Hürden genommen und es ist noch viel Aufklärungsarbeit vonnöten.

An dieser Stelle möchte ich eine Kritik aufgreifen, die seit einiger Zeit immer mehr an Boden gewinnt. Es macht sich der Vorwurf breit, dass durch das Öffnen der gesellschaftlichen Diskussion für das Phänomen der kindlichen Hochbegabung plötzlich an allen Ecken und Enden, ob berechtigt oder nicht, Hochbegabung gewittert werde. Dass gerade auch Eltern, die mit ihren Sprösslingen einfach nur nicht zurechtkommen, zur Selbstdiagnose Hochbegabung greifen würden, da schließlich bekannt sei, dass hochbegabte Kinder oft „Problemkinder" sind. Diese Fälle mag es geben, und es ist auch leider so, dass durch bestimmte Themen gesellschaftliche Trends gesetzt werden, die sich mitunter verselbstständigen.

Ungeachtet solcher Auswüchse steht das Phänomen des hohen Leistungspotenzials bei Kindern auf einer soliden wissenschaftlichen Basis und lässt sich mit Instrumenten der Wissenschaft auch einwandfrei belegen. Mag sein, dass die Sensibilisierung der Gesellschaft für dieses Thema und der zunehmende Stellenwert von (früh)kindlicher Bildung dazu beigetragen haben, dass gegenwärtig mehr Kinder als früher die Schwelle zur hohen Begabung, die bei einem IQ von

130 angesetzt wird, erreichen bzw. überschreiten. Heute geht man davon aus, dass es die Summe aus genetischen Anlagen und (frühkindlicher) Förderung ist, die die sog. Hochbegabung bei Kindern ausmacht. An der genetischen Veranlagung lässt sich nicht rütteln, wohl aber kann eine bedarfsorientierte Förderung dazu beitragen, dass Kinder ihr vorhandenes Potenzial besser ausschöpfen. Mit anderen Worten: Möglicherweise ist es der insgesamt vermehrten Zugewandtheit der Eltern zu verdanken, dass es gegenüber früheren Zeiten heute mehr begabte, leistungswillige Kinder gibt. Ob diese Annahme nun stimmt oder nicht – meine Praxisarbeit bestätigt, dass der Bedarf an zusätzlicher, außerschulischer Förderung ausgesprochen groß ist.

Durch die Erfahrung mit meinem eigenen außergewöhnlichen Sohn musste ich schmerzhaft lernen, dass junge Menschen von seinem Schlag durch die alleinige Förderung in Kindergarten und Schule nicht gedeihen, sondern – ganz im Gegenteil – durch das Ausbremsen ihrer Leistungsbereitschaft in Regeleinrichtungen schweren Schaden nehmen können. Damit stand für mich fest, dass der Erfolg meiner Beratungstätigkeit mit der Verfügbarkeit von Fördermöglichkeiten für begabte Kinder stehen und fallen würde. Ich beschloss, selbst aktiv zu werden und gründete, unterstützt durch einige passionierte Mitstreiter, im Juni 2000 im ländlichen Rheinland-Pfalz das Kinder-College als außerschulische Fördereinrichtung für (hoch)begabte Kinder. Im Kinder-College wollte und will ich diesen besonderen jungen Menschen neben einer bedarfsgerechten intellektuellen Förderung auch das bieten, was sie im gesellschaftlichen Leben am meisten vermissen: die Akzeptanz ihrer vielschichtigen Persönlichkeit und Wertschätzung ihres Leistungswillens.

Das Kinder-College ist über die Jahre zur intellektuellen und emotionalen Heimat für begabte junge Menschen aus ganz Rheinland-Pfalz sowie Teilen Hessens und Nordrhein-Westfalens geworden – und ist heute, das merke ich nicht ohne Stolz an, Deutschlands führende private außerschulische Bildungseinrichtung für Kinder und Jugendliche mit besonderer Begabung. Aktuell bietet es etwa 90 Kurse aus den unterschiedlichsten Fachbereichen – von dem kompletten Spektrum der MINT-Fächer über Fremdsprachen, Kunst, Theater und Tanz bis hin zu Philosophie und Kriminalistik – an, die pro Halbjahr von rund 600 Kursteilnehmern im Alter von 4 bis 16 Jahren vierzehntägig, immer samstags, besucht werden. In kleinen Gruppen von ca. acht bis zehn Kindern können sich die College-Teilnehmer unter kompetenter Leitung ihren jeweiligen Interessengebieten widmen oder neue „Steckenpferde" entdecken. Ergänzt wird unser Angebot durch ein auf hochbegabte Kinder zugeschnittenes Lerncoaching-Programm zur Verbesserung der schulischen Leistungen. Aktuell zählt unsere Einrichtung an die 40 engagierte Dozenten, die in ihrer Arbeit von Schülermentoren unterstützt werden.

Die Meinung vieler Kollegen, dass auch Kinder mit hohem Potenzial und Leistungswillen gebremst und an die Norm angepasst werden müssten, teile ich nicht. Die Erfahrung meiner langjährigen Arbeit mit begabten Kindern bestätigt das, was ich auch schon bei meinem eigenen Sohn beobachtet habe: Druck und Konformitätszwang funktionieren bei diesen freiheitsliebenden, sehr individuellen jungen Menschen nicht, sondern provozieren nur Aufmüpfigkeit und mitunter erbitterten Widerstand. Setzt man jedoch auf die freie Entfaltung von Leistungswillen und Kreativität, dann erlebt man in der Regel höfliche, hoch motivierte und kooperative Schüler, die die gängigen

Vorurteile über Hochbegabte Lügen strafen. Am Kinder-College machen wir sehr gute Erfahrungen mit gleichbefähigten Lehrern, denn diese wissen aus eigener Erfahrung, wie ihre Schützlinge „ticken". Zudem ist es gerade für unsere älteren Teilnehmer wichtig, mit dem Kursleiter auf Augenhöhe kommunizieren zu können.

Seit seiner Gründung wird das Kinder-College durch das Land Rheinland-Pfalz finanziell unterstützt. Diese Zuwendung ermöglicht es uns, das Kinder-College als Solidargemeinschaft zu führen. Begabten Kindern aus kinderreichen oder weniger betuchten Familien können wir Stipendien oder Preisnachlasse auf unsere Kurse gewähren. Dass wir auf diese Weise einen Beitrag zur Chancengleichheit in der Bildung leisten, freut mich als sozial denkenden Menschen ganz besonders.

Meine Arbeit am Kinder-College begreife ich als eine große persönliche Chance, die mir das Schicksal geboten hat. Es ist, als würde mein Sohn in diesem Engagement weiterleben, als wäre mir die Möglichkeit gegeben worden, alles noch einmal, und dieses Mal, getragen vom heutigen Wissen und den heutigen Möglichkeiten, besser zu machen. Die zahlreichen ausgezeichneten Schul- und Berufskarrieren, die ihren Ursprung im Kinder-College genommen haben, bestätigen mich in meinem Handeln.

Als sich im Sommer 2020 die Gründung des Kinder-College zum zwanzigsten Mal jährte, hatte ich, grob geschätzt, bereits an die 32.000 Beratungen durchgeführt und etwa 50.000 Klienten – Eltern und Kinder – betreut. Es war an der Zeit, Bilanz zu ziehen. Ich verfasste eine Festschrift für das Kinder-College*, in der ich die

* Helga Thieroff: 20 Jahre Hochbegabtenförderung. Jubiläumsschrift für das Kinder-College e.V. Begabtenzentrum Rheinland-Pfalz, LIT Verlag Dr. W. Hopf Berlin 2020, ISBN 978-3-643-14571-0

Funktionsweise unserer Einrichtung darlegte, über unsere langjährigen Aktivitäten referierte und anhand von Fallbeispielen unsere beachtlichen Langzeiterfolge aufzeigte. Es war und ist das Vermächtnis meines langjährigen Engagements als Sozialunternehmerin.

*

In die Jahre des Kinder-College-Aufbaus fiel etwas, das ich rückblickend als meine persönliche Erweckung bezeichnen würde. Einige Jahre nach Kais Tod ging meine Ehe in die Brüche. Ich erlebte unsere Trennung und dann Scheidung als tiefen Schmerz und auch als große Enttäuschung, denn ich hatte bei unserer Eheschließung auf eine etwas altmodische Weise an einen Bund fürs Leben geglaubt und meine Rolle vornehmlich in der Familie und als Stütze meines Mannes gesehen. Wahrscheinlich war das Fundament unserer Verbindung nicht stark genug, um dieser ungeheuren Belastung – dem Verlust des einzigen Kindes – standzuhalten. Das Auseinanderleben hat jedoch schon früher angefangen, als mein Mann begonnen hatte, die Karriereleiter emporzusteigen und ich mich ohne großes Murren, eigentlich sogar mit Begeisterung, in die Hausfrauen- und Mutterrolle gefügt, oder besser gesagt gestürzt hatte. Kai nahm mich voll und ganz in Anspruch. Für eine eigene Karriere blieb keine Zeit, aber das war in den 1980er/1990er Jahren für eine junge Mutter ohnehin nicht üblich. Ich war unselbstständig, fühlte mich fremdbestimmt, geistig unterfordert und in meiner persönlichen Entwicklung gebremst. Den Frust bewältigte ich, indem ich immer häufiger zur Zigarette griff.

Als ich plötzlich allein geblieben war, wurde mir klar, dass ich mein Leben ändern musste. Ich hörte von einem Tag auf den anderen auf zu rauchen, arbeitete mich in die Dinge des täglichen Lebens ein, um die sich sonst mein Mann gekümmert hatte, und stellte erstaunt und zugleich erleichtert fest, dass ich auf eigenen Beinen stehen konnte. Ich erweiterte meinen Freundeskreis, steckte mehr Zeit und Arbeit in meine Praxis und das Kinder-College, und nach und nach rückte die berufliche Tätigkeit in den Mittelpunkt meines neuen Lebens. Ich stockte die Beratungszeiten in meiner Praxis auf und baute das Kinder-College weiter aus. Ich warb einflussreiche Unterstützer und Sponsoren an sowie neue Dozenten, die herausfordernde, für Hochbegabte überaus attraktive Kurse wie z.B. Japanisch, Chinesisch oder Arabisch anboten. Unsere Teilnehmerzahlen stiegen von Jahr zu Jahr. Es erfüllt mich immer noch mit Stolz, dass wir nur neun Jahre nach Inbetriebnahme unserer Einrichtung bereits den zehntausendsten Kursteilnehmer begrüßen durften. Als das Kinder-College 2011 Preisträger im Wettbewerb „365 Orte im Land der Ideen“ wurde und ich im gleichen Jahr eine Bundesauszeichnung erhielt, wusste ich, dass ich es geschafft hatte. Ich hatte meine Bestimmung gefunden. Die Anerkennung, die mir zuteil wurde, verlieh mir Flügel und spornte mich zu noch größerem Engagement an.

Wenn man so will, ist die Geschichte des Kinder-College die Geschichte einer Emanzipation – *meiner* Emanzipation, die mich einer sinnstiftenden gesellschaftlichen Aufgabe und Verantwortung zugeführt hat.

Unbequeme Kinder

„Manchmal habe ich das Gefühl, die ganze Verantwortung nicht länger tragen zu können. Manchmal geht mir ganz schön die Kraft aus. Vor allem, wenn ich das Kind einer Bekannten sehe – es ist ähnlich wie meine Tochter Magdalena, nur am anderen Ende der Skala. Es bekommt jede erdenkliche Förderung und Therapie, ohne große Kosten für die Eltern und vor allem muss es sich weder um einen Platz in der Förderschule bewerben noch sich in einem Aufnahmetest diesem immensen psychischen Druck stellen."

Eva H., Mutter eines unbequemen Kindes

In meine Sprechstunde kommen nicht selten Kinder, die schon in sehr jungen Jahren durch atemberaubende intellektuelle Leistungen auffällig geworden sind und in Intelligenztests außergewöhnlich hohe Werte erzielen. Diese Kinder sind das, was man landläufig „Wunderkinder" nennt. Sie haben keinen leichten Stand in der Gesellschaft. Neben Bewunderung schlägt ihnen auch Neid, Missgunst, Ablehnung, Ausgrenzung bis hin zu Mobbing entgegen. Ihr Wissen und Können ist für ihr Alter enorm, und gerade das führt nicht selten zu Missverständnissen. Von ihrem Umfeld werden sie oft als Angeber und Besserwisser empfunden, was sie aber keineswegs sind. Es ist wichtig zu verstehen, dass diese Kinder mit ihrem Wissen nicht prahlen wollen, sondern einfach nur das aussprechen, was für sie selbstverständlich ist. Fakt ist aber, dass sie alle auf die eine oder andere Weise Probleme haben, sich in ihr Umfeld einzugliedern.

Für diese jungen Menschen einen Bildungsweg zu finden, der ihren intellektuellen, seelischen und emotionalen Bedürfnissen gerecht wird, ist eine enorme Herausforderung und stets auch eine gefährliche Gratwanderung. Denn auch wenn diese Kinder ihren Altersgenossen intellektuell weit voraus sind und fast schon wie kleine Erwachsene wirken, sind sie seelisch und emotional zumeist auf dem Stand ihres biologischen Alters. Bei allen Entscheidungen, die man für sie trifft, muss daher die individuelle psychische und emotionale Konstitution mit berücksichtigt werden.

Am anderen Ende des Hochbegabten-Spektrums finden sich die oft unterschätzten und unerkannten „Minderleister". Diese Kinder brillieren nicht schon in jungen Jahren durch bemerkenswerte Leistungen, sondern fallen vielmehr durch Verhaltensweisen auf, die von ihrem Umfeld als „asozial" eingestuft und entsprechend sanktioniert werden. Der Sturm-und-Drang, der ihnen eigen ist und sie in späteren Lebensphasen oft zu Großem befähigt, bricht sich nicht schon frühzeitig mit besonderen Talenten Bahn. Ohne eine adäquate Unterstützung und Förderung bleiben diese Kinder in ihrem Protest gegen die als äußerst schmerzlich empfundene Unrechtbehandlung gefangen und können nur sehr schwer – oder auch gar nicht – zu sich selbst und ihren Begabungen finden. In der Schule werden sie als Querulanten empfunden und nicht selten wird ihre altersgemäße kognitive Entwicklung angezweifelt. Oft halten sich diese Kinder daher selbst für „dumm". In einem angemessen fördernden Umfeld entpuppen sie sich jedoch in der Regel als äußerst liebenswerte, wissbegierige, leistungsstarke und auch durchaus hilfsbereite junge Menschen.

Familien mit Kindern, die sich diesen Kategorien zuordnen lassen, berate und begleite ich oft über viele Jahre. Neben einer sorgfältigen Diagnostik spielt die Planung der Schullaufbahn eine wichtige Rolle. Zusammen mit den Eltern überlegen wir uns den jeweils nächsten Schritt, etwa die zeitgerechte Einschulung oder das Überspringen einer oder gar mehrerer Klassenstufen, und beratschlagen, falls nötig, über Kursänderungen. Bei den unerkannten Minderleistern geht es primär um die Schaffung einer angstfreien und förderlichen Lernatmosphäre, in der sich die Kinder entfalten können. Oft ist es ein schwieriges Unterfangen, die Schulen von der Notwendigkeit dieser Schritte zu überzeugen, gegebenenfalls muss auch ein Schulwechsel in Erwägung gezogen werden. Im Mittelpunkt unserer Planungen stehen zudem auch Strategien, die auf eine psychische Festigung der Kinder abzielen. Diese jungen Menschen sind von ihrem Schulalltag zumeist tief enttäuscht und blühen im Kinder-College regelrecht auf. Die interessensgerechte Förderung, Akzeptanz und Wertschätzung, die sie dort erhalten, sind Balsam für ihre verunsicherten, oft auch geschundenen Seelen. Wenn ich an den College-Samstagen ihre leuchtenden Augen sehe, dann weiß ich, dass sie auf einem guten Weg sind.

Ich möchte Ihnen nun Louise, Annabell, Kian, Felix und Juri vorstellen. Ihre Familien berate ich seit vielen Jahren und die Kinder selbst sind langjährige Teilnehmer des Kinder-College. Einige von ihnen sind trotz ihres jungen Alters bereits als Schülermentoren in unserer Einrichtung tätig. Es sind ganz unterschiedliche Charaktere, mit sehr unterschiedlich gelagerten Problemen, die dennoch Manifestationen ein und desselben Phänomens sind: der Hochbegabung.

Louise

Louise ist sieben Jahre alt und besucht die siebte Klasse eines Gymnasiums in Nordrhein-Westfalen. Heute blickt sie wieder mit Zuversicht in die Zukunft, doch vor einem Jahr noch steckte sie in einer tiefen Krise.

Die Probleme begannen kurz nach der Einschulung vor zwei Jahren. Zuvor war Louise ein sonniges, wissbegieriges und kontaktfreudiges Kind gewesen, das im Kindergarten nie Probleme hatte und sich sehr darauf freute, endlich in die Schule gehen zu dürfen. Doch schon im Laufe der ersten Wochen an der Grundschule wurde klar, dass das Mädchen da nicht hinpasste. Ihren Klassenkameraden war sie intellektuell meilenweit überlegen und es war offensichtlich, dass sie vom Schulstoff der ersten Klasse keinen Wissenszuwachs zu erwarten hatte. Mit einem Mal war Louise ein zurückgezogenes, gereiztes, unglückliches Kind, das kaum noch lachte und jeden Morgen Bauchschmerzen hatte. Eines Morgens lag sie still und reglos im dunklen Zimmer. Gefragt, was sie da tue, antwortete sie, sie probiere aus, wie es sich anfühle, tot zu sein.

Es stand außer Frage, sie musste springen. Innerhalb eines einzigen, von steter Unterforderung geprägten Schuljahres durchlief Louise sukzessive die Klassenstufen eins bis vier – denn den Schulstoff der jeweils höheren Klassenstufe beherrschte sie immer schon nach wenigen Wochen. Während ihrer blitzartig durchlaufenen Grundschulzeit, die alles andere als gewöhnlich war und sie selbst befremdete, schlitterte Louise mehrmals in tiefe Sinnkrisen, aus denen sie nur mit größter Mühe befreit werden konnte.

Ich testete Louise mehrfach in meiner Praxis und erstellte ein umfangreiches Gutachten über ihre Fähigkeiten. Sie besucht nun das Kinder-College, wo sie die vielfältige geistige Nahrung erhält, die für sie überlebenswichtig ist. Zudem machte sie in unserer Einrichtung erstmals die hilfreiche Erfahrung, dass es auch andere Kinder gibt, die so sind wie sie. Die Tatsache, dass sie nun eine Gemeinschaft von Gleichgesinnten und Gleichbefähigten gefunden hat, der sie sich voll und ganz zugehörig fühlen kann, half ihr, ihre persönliche Krise zu überwinden. Hilfreich bei der Akzeptanz ihrer außergewöhnlichen Schullaufbahn war für sie auch der Bericht einer Kinder-College-Dozentin über deren eigenen Sohn, der in der Grundschule zwei Klassen übersprungen hat und damit sehr gut zurechtkam. Das milderte bei Louise das „Sonderling"-Gefühl erheblich.

Wir, Leitung und Dozenten des Kinder-College, unterstützen Louises Eltern nach Kräften in dem vielleicht schwierigsten Kampf ihres Lebens. Es geht darum, einen für Louise passenden Weg zu ertasten und dann auch zu ebnen, was in unserer normgebundenen Gesellschaft nicht selten auf Widerstände stößt. Mit vereinten Kräften konnten wir im Herbst 2020 Louises Anmeldung am Gymnasium erwirken. Das Mädchen war damals gerade sieben Jahre alt geworden. Nun, im Sommer 2021, am Ende des gleichen Schuljahres, steht sie kurz vor dem erfolgreichen Abschluss der siebten Jahrgangsstufe.

Louise war schon immer und in allem schneller als ihre Altersgenossen. Mit neuneinhalb Monaten konnte sie frei laufen und bereits vor ihrem zweiten Geburtstag war sie in der Lage, etwa die Hälfte aller Buchstaben zu benennen – zu einer Zeit, als sie noch nicht einmal zusammenhängende Sätze sprechen konnte. Als sie zweieinhalb war, erfuhren die Eltern ganz nebenbei, dass sie sich die Grundzüge des Rechnens bereits angeeignet hatte und problemlos in der Lage war, drei und drei richtig zusammenzuzählen. Im Kleinkindalter war sie extrem lärmempfindlich. So musste einmal die gesamte Krabbelgruppe wieder in die Gruppenräume zurückkehren, weil Louise beim Anblick eines vor der Kindertagesstätte arbeitenden Baggers unaufhörlich geweint hatte. Die anderen Kinder hätten dem Bagger gerne zugeschaut.

Mit drei Jahren war sie wortgewandt und schlagfertig. Einmal bei Tisch darauf angesprochen, dass sie sich wie Zappelphilipp benehme und der Tisch bald umfallen würde, erwiderte sie trotzig-eloquent: „Und die Mutter blickte stumm, auf dem ganzen Tisch herum!" Mit vier Jahren widersetzte sie sich den Ermahnungen ihrer Mutter mit den Worten, dass nicht sie, die Mutter, die Bestimmerin sei, sondern der liebe Gott, und wenn dieser etwas von ihr wolle, dann solle er es ihr doch selbst sagen. Mit fünf Jahren brachte sie sich das Lesen anhand eines Disney-Comics selbst bei. Mit sieben Jahren beschäftigte sie sich bereits eingehend mit Goethes Faust und zitierte daraus wutentbrannt, als ihr Vater sie einmal zum Zimmeraufräumen verdonnert hatte: „Hast du mir weiter nichts zu sagen? Kommst du nur immer anzuklagen? Ist auf der Erde ewig dir nichts recht?" Als der Vater wissen wollte, was es mit dieser seltsamen Replik auf sich habe, erwiderte Louisa schlicht: „Das sagt im Prolog Gott zu Teufel."

Auch Louise gehört, wie so viele Hoch- und Höchstbegabte, zu den Unbestechlichen, für die die Wahrheit oberste Priorität hat –

auch wenn es sich mit einem Flunkern manchmal leichter leben ließe. Als sich ihre Lehrerin am Gymnasium einmal vertreten ließ und für die Zeit ihrer Abwesenheit der Klasse Aufgaben auftrug, ließ Louise ihre Mitschüler auffliegen, indem sie der Vertretungslehrerin mitteilte, dass sie nicht, wie von der Klasse behauptet, Stillarbeit machen sollten, sondern sehr wohl Aufgaben aufbekommen hätten. Der Ärger ihrer Mitschüler war ihr sicher. Dennoch beteuerte Louise ihrer Mutter gegenüber, dass sie, sollte sie erneut in eine vergleichbare Situation kommen, wieder genau so handeln würde.

Mit dem Corona-bedingten Lockdown kamen erneut schwere Zeiten auf Louise zu. Museen, Ausstellungen und Theater als wichtige Impulsgeber fielen aus, der Distanzunterricht forderte sie nicht. Die Wochenaufgaben hatte sie stets bereits mittwochs erledigt, danach konnte sie sich kaum noch zum Aufstehen motivieren. Als sie sich eines Tages am Frühstückstisch heimlich eine Träne aus dem Auge wischte, meldeten die Eltern sie erstmals in ihrem Schulleben krank. Sie war schlicht nicht mehr in der Lage, die Schule zu ertragen. Gebessert hat sich ihre Situation erst, als das Kinder-College ein Online-Kursangebot startete. Der Zugang zu spannenden Lerninhalten bot ihr wieder eine Perspektive.

Mit der Schule ist es bis heute noch ein Auf und Ab. Louise ist betrübt, wenn Freiheiten, die ihr bereits zugesagt wurden, grundlos zurückgenommen werden, oder ihr, so wie gerade aktuell, der Zugang zum Unterricht höherer Stufen verwehrt wird – obwohl sie vorher die Aufgaben mit Begeisterung geschafft hatte. Der nun anstehenden Rückkehr zum Präsenzunterricht sieht sie mit Schrecken entgegen, da sie ihre Zeit lieber für ihre eigenen Interessen nutzen möchte.

Unlängst sollten die Kinder in Deutsch ein Gedicht schreiben, in dem sie auch ihre Gefühle zum Ausdruck brachten. Alle anderen Kinder schrieben über den Frühling, die Blumen und die Bienen. Louise hingegen wartete mit einem starken Gedicht über ihre Langeweile auf und war damit das einzige Kind in der Klasse, das ein negatives Gefühl beschrieb:

Langeweile

Mein Schreibtisch ist voll
mein Kopf ist leer,
nichts finde ich toll,
ich kann nicht mehr.

Die Langeweile war doch lange her,
jetzt kommt sie wieder mit voller Kraft,
und droht und rächt sich sehr,
hat über mich die Macht.

Nachdem Louise das Gedicht auch vor der Klasse vortragen durfte, rief der Lehrer, der viel Verständnis für Louise hat und sehr um ihr Wohlergehen bemüht ist, umgehend die Eltern an und versprach, nach neuen Lösungen für das Kind zu suchen. Für Louise war es eine befreiende Erfahrung, mit diesem Gedicht etwas geschafft zu haben, was ihr bis dahin kaum gelungen war: einen Hilferuf abzusetzen, der von Erwachsenen schnell verstanden wurde.

Langeweile ist für Louise, dessen ist sich ihre Mutter sicher, etwas viel Größeres und Umfassenderes als für unsereins. Sie ist eine Last, die auch bei der Beschäftigung mit etwas Interessantem nicht weggeht und ist wohl auch der Grund dafür, dass Zusatzaufgaben und Projekte aus der Schule oder ein Buch zu lesen nicht helfen. Louises Mutter vergleicht ihre Tochter mit einem Zugvogel, der entgegen seiner Natur in eine Voliere gesperrt ist. So wie der Vogel darauf programmiert ist, zweimal im Jahr eine beschwerliche Reise ins Ungewisse auf sich zu nehmen, trägt auch Louise den unbestimmten Drang nach etwas Höherem, Größerem, Umfassendem in den Genen. Beide, sowohl den Vogel als auch Louise, auf ihrem vorgegebenen Weg aufhalten zu wollen, ist nicht nur zwecklos, sondern auch ein Frevel an der Natur.

Louises Geist strebt unterdessen in neue Höhen. Aktuell beschäftigt sie sich – völlig aus eigener Initiative – mit den Biografien von Goethe, Agatha Christie und Marie Curie. Ihr Lieblingsgedicht ist Rilkes *Allein auf der Welt*, denn sie ist der Meinung, dieses würde ihre wahren Gefühle widerspiegeln. Zudem hat sie neue Betätigungsfelder entdeckt: Sie möchte gerne selbst Videos erstellen und online hochladen, außerdem bewirbt sie sich gerade für einen Filmdreh über Hirngesundheit in der Uni Köln, denn das Thema Gehirn zählt schon seit längerem zu ihren Steckenpferden.

Wie es mit Louise weitergehen wird, ist zum aktuellen Zeitpunkt schwer abzusehen. In diesem Schuljahr hat sie, mit sieben Jahren, die Klassen fünf bis sieben durchlaufen. Nach den Sommerferien wird sie die achte Klasse besuchen. Dass ihr Gymnasium diesen außergewöhnlichen Weg mitgeht, ist keineswegs selbstverständlich und der Schulleitung hoch anzurechnen.

Und wie sieht Louise selbst ihre Zukunft? Für die kommenden Jahre hat sie schon einen groben Plan: Mit zwölf Jahren will sie anfangen zu studieren und danach etwas Tolles erfinden, das sie reich und berühmt macht. Auf Nachfrage korrigiert sie sich: Berühmt möchte sie eigentlich gar nicht werden, aber reich schon, damit sie solche Schulen unterstützen oder auch gründen kann, die Kindern wie ihr eine Chance geben – mit Lehrern, die wissen, wie man mit solchen Kindern umgeht.

Dieser sehnlichste Wunsch einer aufgeweckten Siebenjährigen offenbart vor allem eines: dass es für die Beschulung von hoch- und ganz besonders auch höchstbegabten jungen Menschen dringend neuer Konzepte bedarf.

Annabell

Die sechsjährige Annabell ist ein extrem empfindsames, mit geradezu übersinnlichen Fähigkeiten ausgestattetes scheues Kind, das sich in vielen Alltagssituationen unwohl und überfordert fühlt. Sie hat ein sehr hohes intellektuelles Potenzial, lernt sehr schnell und widmet sich den Dingen, die sie interessieren, mit großer Ernsthaftigkeit, Disziplin und Strebsamkeit. Ihr Anderssein spürt sie sehr genau und fasst es in tiefsinnige Worte.

Annabells besondere Veranlagung machte sich sehr früh bemerkbar. Sie war schon immer ein sehr vorsichtiges und umsichtiges Kind, das bis heute noch nie ein Pflaster gebraucht hat. Schon im Kleinkindalter zeigte sie in bestimmten alltäglichen Situationen eine Scheu, die sich rational nicht begründen ließ – so konnte sie etwa lange Zeit nicht über Brücken gehen oder hat bis heute noch das Problem, dass sie, obwohl sie schon lange und gut Fahrrad fährt, nach einer längeren Fahrpause immer wieder mit ihrem Fahrrad „fremdelt“

und regelrecht Angst hat, es zu besteigen. Auf dem Spielplatz zeigte sie vom jüngsten Alter an kein Interesse daran, mit anderen Kindern in Kontakt zu treten, sondern suchte sich stets einen Platz, von dem aus sie die spielenden Kinder selbstversunken beobachten konnte.

Den Eltern war schon sehr früh aufgefallen, dass sie Dinge beherrschte, die ihr niemand beigebracht hatte. Sie konnten sich das nicht erklären und ihre Tochter kam ihnen mitunter wie die Wiedergeburt eines früheren Lebens vor. Annabell fing mit zweidreiviertel Jahren an zu lesen – sie tat es meist heimlich, ohne dass ihre Eltern etwas mitbekommen hätten. Kurz vor Annabells drittem Geburtstag stand fest, dass sie sowohl in ihrer Muttersprache Englisch als auch in deutscher Sprache bereits einfache Kinderbücher lesen konnte. Mit drei Jahren las sie englische Bücher für 8- bis 10-Jährige. Mit vier Jahren verbesserte sich auch das Lesen auf Deutsch enorm. Alle zwei Wochen ging Annabell mit ihren Eltern in die Bücherei, lieh sich 15 bis 20 Bücher aus und las sie daheim alle, einige sogar mehrfach. Bis heute ist Lesen ihre Lieblingsbeschäftigung. Sie verbringt bis zu vier Stunden täglich damit und kann sich auch für zwei Stunden am Stück in ihre Bücher, Sachbücher und Jugendromane, vertiefen. Zu den Themen, die sie interessieren – Dinosaurier, das Universum, schwarze Löcher oder die Entstehung der chemischen Elemente – schaut sie sich gerne auch im Fernsehen Dokumentationen an, die ihr die Eltern aus dem Internet herunterladen.

Schon früh zeigte sich, dass Annabell sich in Kindergemeinschaften äußerst unwohl fühlte und dort auch nicht Fuß fassen konnte. Das fing mit zwei, drei Jahren bei der musikalischen Früherziehung an. Immer wenn die Lehrerin die Kinder nach dem obligatorischen Trommeln ausgelassen durch den Raum rennen ließ, war Annabell nur bemüht, den anderen auszuweichen und hätte sich am liebsten unsichtbar gemacht. Auch konnte sie nicht verstehen, warum die anderen Kinder mehrere Ermahnungen brauchten, bis sie die ihnen aufgetragenen Aufgaben erledigten. Sie selbst hielt sich mit größter Disziplin an die Vorgaben der Lehrerin.

Im Kindergarten, den Annabell mit etwa dreieinhalb Jahren für kurze Zeit besuchte, trat ihr Desinteresse an Gemeinschaftsaktivitäten und ihre Unfähigkeit, sich in die Gruppe einzugliedern, noch deutlicher zutage. Zwar fuhr sie jeden Morgen mit ihrem Laufrad klaglos, mit unerschütterlichem Pflichtbewusstsein zum Kindergarten, jedoch schaltete sie sofort nach dem Betreten des Gebäudes ab, setzte sich in eine Ecke oder in den Sandkasten und wartete unbeteiligt, ohne mit jemandem zu sprechen, darauf, dass sie zwei Stunden später abgeholt wurde. Es war offensichtlich, dass sie schon damals den Kindergarten als Zeitverschwendung angesehen hatte. Dafür wollte sie ihr eigenes „Programm", z.B. das Malen, immer noch schnell vor dem Kindergarten durchziehen, damit sie von den Dingen, die sie wirklich interessierten, auch nichts verpasste. Wenn man sie fragte, wie es im Kindergarten war, antwortete sie stets, es sei „ok" gewesen. Aufgeblüht ist sie aber nur nachmittags zu Hause und an den Wochenenden.

Als Annabell auf Vorschlag ihrer Eltern eine Woche lang mit dem Kindergarten pausierte, wurde klar, dass sie nicht wieder hingehen würde. Gestärkt durch den physischen, psychischen und emotionalen Abstand konnte sie sich ihren Eltern anvertrauen und zugeben, dass es ihr im Kindergarten nicht gefiel. Beim Abholen ihrer Sachen merkte eine Erzieherin an, dass sie Annabell zum ersten Mal lachen sehe, und beim anschließenden Einkaufen tanzte und sang sie ausgelassen im Laden. Die seelischen Wunden saßen tief, denn sechs Monate lang war sie nicht bereit, am Kindergarten auch nur vorbeizugehen.

Annabell war dreieinhalb Jahre alt, als sie anfing, Kurse im Kinder-College zu besuchen: Tanz, Theater und Völkerkunde. Bis auf die Zeit ihrer Kindergartenkrise, als sie generell sehr ängstlich war und dann auch am Kinder-College den Beistand ihrer Eltern brauchte, nimmt sie bis heute noch gerne und selbstständig an ihren Kursen teil und gewinnt zunehmend an Selbstvertrauen. Ihr Verhalten in den Kursen hängt stark von dem Kurs selbst und vor allem von den anderen teilnehmenden Kindern ab. Am wohlsten fühlt sie sich, wenn es wenige und ruhige Kinder sind, die sich „gut" benehmen. Normal-lautes Kinderverhalten ist für sie schon „kein Benehmen". Bereits ein zappeliges Kind im Kurs lenkt sie dermaßen ab, dass sie sich auf die Lerninhalte nicht mehr konzentrieren kann. Am allerliebsten ist es ihr, wenn sie einen Lehrer für sich allein hat. Dann kann sie sich öffnen und den Unterricht genießen.

Mit den anderen Kindern am Kinder-College kommt sie im Großen und Ganzen gut zurecht. Wichtig für sie aber war und ist die Erfahrung, dass es auch noch andere Kinder mit ähnlichen Eigenschaften wie ihren gibt und sie mit ihrem Anderssein nicht allein auf der Welt ist.

Eine große Passion von Annabell ist seit ihrem vierten Lebensjahr das Klavierspielen, das sie bei einer Privatlehrerin erlernt hat. Innerhalb kurzer Zeit machte sie rasante Fortschritte. Sie nahm bereits an zwei Konzerten teil, trat im Beethovenhaus in Bonn auf, machte bei einigen Wettbewerben mit und gewann einen Young-Talent-Preis. Das Klavierspielen hat sie gelehrt, Geduld mit sich selbst zu haben, nicht zu schnell zu viel von sich zu erwarten, und dass es für gute Ergebnisse großer Mühe und intensiver Arbeit bedarf.

Die musisch begabte Annabell ist auch eine passionierte Tänzerin. Schon mit drei Jahren wünschte sie sich, professionell tanzen zu lernen, doch gab es keine passenden Kurse für ihre Altersklasse. Mit fünf Jahren kam sie in den Ballettunterricht. Die Strenge ihrer Lehrerin kommt ihr sehr entgegen, denn dadurch sind auch die anderen 15 Mädchen in ihrem Kurs – allesamt Schulkinder – gezwungen, „sich zu benehmen". Trotzdem klagt sie über das langsame Tempo der anderen Kinder, die, ob im Präsenz- oder im Online-Unterricht, oft mehrere Ansagen brauchen, bis sie in der richtigen Position stehen. Dass ihr der Gruppenunterricht viel abverlangt, zeigt sich darin, dass sie sich nach der Ballettstunde erst einmal mit einem Buch „abkühlen" muss und in dieser Zeit auch nicht ansprechbar ist.

Nachdem Annabell den Kindergarten nicht mehr weiter besuchen wollte, wurde sie – im Alter von vier Jahren – probehalber an der Schule angemeldet. Sie hospitierte in einer Grundschule mit gemischten Klassen und jahrgangsübergreifendem Lernen, in der Erwartung, dass sie je nach Wissensstand in unterschiedlichen Klassen mitarbeiten könne. Von der Lehrerin erhielt sie aber stets nur die Aufgaben der ersten Klasse und es war klar, dass sie Annabell einen darüber hinausgehenden Wissensstand nicht zutraute und auch nicht gewillt war, die Fähigkeiten des Mädchens einer ernsthaften Prüfung zu unterziehen. Annabell zeigte sich bei den Aufgaben, die ihr zugeteilt wurden, tatsächlich unmotiviert, und so wurde ihr die Schulreife abgesprochen. Die Eltern meldeten Annabell nach Rücksprache mit mir von der Schule ab.

Ich testete Annabell kurz vor ihrem sechsten Geburtstag. In einem standardisierten Test erreichte sie einen Prozentrang 100, was sie als höchstbegabtes Kind ausweist. Insbesondere in den Bereichen Wortschatz und Sprachverständnis zeigte sie ganz außergewöhnliche Fähigkeiten. Ich empfahl eine ihrem extrem hohen Potenzial entsprechende schulische und außerschulische Förderung.

Kurz nach ihrem sechsten Geburtstag vertraute Annabell ihren Eltern ihr größtes Geheimnis an: Sie gestand ihnen, dass sie sich schon eine ganze Weile anders fühle als andere Kinder, sie tief im Inneren unglücklich sei und das Gefühl habe, nicht in diese Welt zu passen. Sie müsse dieses Geheimnis nun lüften, damit man ihr helfen könne. Ihr Anderssein veranschaulichte Annabell mit Vergleichen, die für eine Sechsjährige verblüffend sind: Sie sei perfekt rund, aber die Welt um sie herum sei ein Oval und das passe nicht zusammen. Oder sie selbst sei ein Puzzle-Teil, das die falsche Form habe und sich nicht in das Puzzle um sie herum einfüge. Auf die Erwiderung der Eltern, man könne doch versuchen, die Welt etwas runder und sie selbst etwas ovaler zu machen, antwortete sie mit großem Ernst, dass das wohl nicht ginge, da sie jetzt schon perfekt rund sei; wenn sie sich änderte, dann verlöre sie ihre Perfektion, und das sei auch nicht gut.

Das, was sie danach ansprach, deutet auf die höchste nur denkbare emotionale Empfindsamkeit eines Menschen hin und erklärt einige von Annabells rätselhaften Verhaltensweisen, gerade auch in Lern- und Spielgemeinschaften. Sie erzählte, dass sie das Gefühl habe, eine spezielle Brille zu tragen, mit der sie viel Verborgenes in ihrem Umfeld wahrnehmen könne, wie etwa die Gefühle anderer Menschen. Diesen Eindrücken sei sie wehrlos ausgesetzt, sie prasselten auf sie ein und sie könne sich nicht dagegen abschotten. Vor diesem Hintergrund erscheint es nur zu verständlich, dass sie sich in Kindergruppen abgelenkt und überfordert fühlt.

Nun, mit sechs Jahren, soll Annabell in die dritte Klasse einer Regelgrundschule eingeschult werden. Ihre Eltern und wir vom Kinder-College hoffen, dass wir mit diesem Vorstoß einen für sie gangbaren Bildungsweg einschlagen können. Wie dieser im Weiteren zu gestalten ist, hängt von Annabells Entwicklung ab und bleibt eine immense Herausforderung, der sich ihre Familie und ihre professionellen Begleiter in den kommenden Jahren werden stellen müssen.

Kian

Der elfjährige Kian gehört ebenfalls zu den Kindern mit allerhöchstem Leistungspotenzial. Er ist das klassische Beispiel eines Höchstbegabten, der in seinem schulischen Umfeld bei Mitschülern und Lehrern durch auffälliges Verhalten aneckt, zunehmend mit Kritik und Sanktionen belegt wird und mangels Verständnis für seine besondere Situation von Seiten der Schule generell in der freien Entfaltung seines Potenzials und seiner Persönlichkeit behindert wird. Seine bisherige Schullaufbahn gleicht einer Odyssee.

Kian fiel schon sehr früh durch seine besonderen intellektuellen Fähigkeiten auf. Seit seinem vierten Lebensjahr wurde er mehrmals einer IQ-Bestimmung unterzogen. In dem letzten, in meiner Praxis durchgeführten Test erreichte Kian im Alter von zehn Jahren einen IQ-Wert von 159. Das ist Höchstbegabung im Sinne der psychologischen Definition.

Kians Familie ist mir seit Jahren gut bekannt. Er und seine ebenfalls sehr begabte Schwester besuchten mehrmals Kurse im Kinder-College. Beide Kinder waren bei uns gut integriert und bereiteten meinen Kursleitern viel Freude. Ich erlebte ihn in den Testsituationen als kontaktfähig, interessiert und mitarbeitsbereit und stellte einen außergewöhnlichen Wortschatz bei ihm fest.

Schon in der Grundschule wurde klar, dass Kian sich im Regelunterricht langweilte. Aus der permanenten Unterforderung heraus entwickelte er Verhaltensauffälligkeiten, die die Schule jedoch nicht im Zusammenhang mit seiner hohen Begabung sehen wollte. Er hätte einer individuellen Förderung an der Schule bedurft – ein psychologisches Gutachten, das der Schule vorgelegt wurde, verwies genau auf diesen Sachverhalt –, doch es passierte nichts in dieser Richtung. Weder durfte Kian probeweise eine Klasse überspringen, noch wurde er an einer Entdeckertagsschule* in den Entdeckertag aufgenommen. Warum er den zweistündigen Test, anhand dessen die Teilnehmer ausgewählt wurden, nicht bestanden hat, ist den Eltern bis heute nicht bekannt. Stattdessen wurde ihm wegen seiner Verhaltensprobleme eine Integrationshilfe zur Seite gestellt – eine wohlgemeinte, aber völlig am Ziel vorbeiführende Maßnahme.

In jener Zeit wurde Kian zur außerschulischen Förderung am Kinder-College angemeldet. An den Kursen, die er besuchte, nahm er stets mit großem Eifer, hochkonzentriert und sehr erfolgreich teil. Er gehört bis zum heutigen Tag zu unseren interessiertesten Teilneh-

* In Rheinland-Pfalz wurden „Entdeckertagsschulen" eingerichtet, um Kindern, die in den Lernbereichen Mathematik, Deutsch und Sachunterricht hochbegabt sind, gerecht zu werden. An diesen Kompetenzschulen werden einmal wöchentlich Kinder im Alter von 5-8 bzw. 7-10 Jahren so unterrichtet, dass sie sich mit unterschiedlichsten Methoden und vom Rahmenplan abweichenden Themen beschäftigen. Der integrative Ansatz wurde gewählt, um die Kinder aus ihrem gewohnten Umfeld ihrer Grundschule nicht herausnehmen zu müssen. (Quelle: Bildungsserver Rheinland-Pfalz)

mern, der sich zudem mit großem Engagement als Mentor für jüngere Kinder betätigt. Die von der Schule her bekannten Probleme beim Sozialverhalten hat es am Kinder-College nie gegeben – und auch nicht in den beiden Schachclubs, denen der Junge beigetreten war und für die er bereits anspruchsvolle, ein hohes Maß an Selbstdisziplin erfordernde Tagesturniere gespielt hat. Es steht außer Frage, dass außerschulische Einrichtungen wie das Kinder-College die deutlich eingeschränkteren Fördermöglichkeiten der Regelschulen kaum abbilden können, doch zeigen diese Beispiele, dass Kian in einem Umfeld, das ihn intellektuell fordert und in dem er sich an- und ernstgenommen fühlt, nicht nur hohe Leistung erbringen, sondern auch ein angemessenes Verhalten zeigen kann.

Kians Probleme verschärften sich, nachdem er mit neun Jahren aufs Gymnasium gewechselt hatte. Die Eltern hatten sich für ein Gymnasium mit integrierter Hochbegabtenförderung entschieden, in der Hoffnung, dass ihr Sohn in der Spezialklasse aufgenommen würde. In seiner Bewerbung schrieb Kian, dass er froh sei, „endlich in eine Schule zu dürfen, wo man mehr und schneller lernen kann". Die Aufnahme in den Hochbegabtenzweig wurde ihm jedoch wegen seines auffälligen Sozialverhaltens verwehrt.

In der Sportklasse, die Kian im Schuljahr 2019/20 besuchte, schrieb er durchaus gute Noten und zeigte Leistung, doch wurde er auch mehrmals verhaltensauffällig. Nachforschungen ergaben, dass er von einigen Mitschülern gehänselt, beleidigt und sogar wiederholt körperlich angegangen wurde. Titulierungen wie *Dummkopf, kleiner Pisser, Spasti, Lusche, Idiot* sowie beleidigende Gehässigkeiten wie *Du gehörst nicht in die Sportklasse, Du gehörst in die Mülltonne, Du bist dümmer als ein Affe* und *Deine Eltern sind Dreck, deine ganze Familie ist Dreck* gehörten noch zu den harmloseren Beschimpfungen, die Tag für Tag auf den Jungen einprasselten. Gegen diese wehrte er sich so gut er konnte – und erntete dafür Unverständnis und Sanktionen seitens der Lehrer.

Er erhielt zahllose Ermahnungen und Verweise, die aus Sicht der Lehrer möglicherweise gerechtfertigt waren, im Grunde jedoch nichts anderes als deren Hilfslosigkeit verrieten. In einigen Fällen aber war die verhängte Strafe schlicht ungerecht – etwa als Kians Vater in einer Klassenarbeit seines Sohnes mit Bleistift unklare Korrekturen der Lehrerin markiert hatte und Kian anschließend wegen „Täuschungsversuchs" einen Verweis erhielt. Für Kian, der wie viele Hochbegabte ein sehr ausgeprägtes Gerechtigkeitsempfinden hat, waren diese Sanktionen demotivierend bzw. er fühlte sich durch diese erst recht in eine Abwehrhaltung gedrängt, die sich mit den bekannten „Verhaltensauffälligkeiten" bemerkbar machte. Dieser Teufelskreis aus Aktion und Reaktion kann für hochbegabte Kinder den Einstieg in eine gefährliche Abwärtsspirale bedeuten, die nicht selten zu Leistungs- oder gar Schulverweigerung führt und unbedingt vermieden werden sollte.

Für mich stand außer Frage, dass Kians Situation sich in der Hochbegabtenklasse verbessern würde, zumal er dort eine bessere intellektuelle Auslastung und ein besser auf seine Bedürfnisse abgestimmtes Umfeld erfahren würde. Doch trotz aller Interventionen war es uns nicht gelungen, die Schulleitung von der Notwendigkeit dieses Schrittes zu überzeugen. Kians Eltern zogen daraus die einzig richtige Konsequenz: Zum Schuljahreswechsel werden sie Kian von seiner jetzigen Schule abmelden.

Kians Gedankenwelt hat – gerade auch bezogen auf sein junges

Alter – einen außergewöhnlichen Tiefgang, seine Arbeiten zeugen von großer Kreativität. In seinem Gedicht *Die Einbildung der Bildung,* das er im Alter von zehn Jahren schrieb, geht es um die Vergeblichkeit des Hoffens auf Erlösung: *Alle wollen das Licht der Erlösung / Alle nicht erhörten Seelen, doch das Licht / gibt es nicht. Das Licht der Erlösung da / ist eine Einbildung, das Leben kann man nicht ändern.* Er setzt Gedichte der österreichischen Lyrikerin Christine Busta grafisch sehr kreativ um und gestaltet kunstvolle Collagen, die Fabelwesen der griechischen Mythologie und der digitalen Spielewelt darstellen. Er interessiert sich für zukunftsweisende technische Neuerungen und probiert diese – z.B. Sprungstelzen – auch gerne selbst aus.

Darüber hinaus ist er empathisch und zugewandt, wie die Geschichte einer ungewöhnlichen Schwimmbad-Freundschaft zeigt. Kian ist neun Jahre alt, als er im Schwimmbad mit einem etwa gleichaltrigen Mädchen in Konflikt gerät. Nach kurzer Zeit erkennt er, dass bei dem Mädchen etwas nicht stimmt. Er wehrt sich nicht weiter und geht zu der Mutter des Mädchens, um sie nach der Ursache des befremdlichen Verhaltens ihrer Tochter zu befragen. Er erfährt, dass das Mädchen am „Katzenschrei-Syndrom", einer mit geistiger Behinderung einhergehenden genetischen Erkrankung leide, seit Jahren mit keinem Fremden mehr in Kontakt getreten sei und sich auch fast nie berühren lasse. Hierauf versucht Kian, am Beckenrand mit dem Mädchen Kontakt aufzunehmen. Nach einigen Tagen finden sie tatsächlich einen Weg, um sich auf der Ebene des Mädchens zu verständigen. Tags darauf spielen sie zusammen und das Mädchen nimmt Kian an der Hand und fängt an, ihn zu umarmen. Die Mutter des Mädchens ist gerührt, denn es passiert zum ersten Mal seit Jahren, dass ihre Tochter auf einen Fremden zugeht und sogar Körperkontakt zu ihm herstellt. Es entwickelt sich eine Freundschaft zwischen den Kindern, in die später auch Kians Schwester Roya einbezogen wird. Kian schenkt dem Mädchen einige seiner Stofftiere, und sie lädt ihn im Gegenzug zum Eisessen ein. Kian und Roya entwickeln eine Gebärden-, Zeichen- und Mimiksprache, die ihnen eine sehr gute und intensive Verständigung mit dem Mädchen ermöglicht.

Die Kinder treffen sich nahezu täglich im Schwimmbad. Eines Tages beobachten sie, dass ihre neue Freundin sich von ihrem Liegeplatz entfernt und am Kiosk anstellt, um sich ein Eis zu kaufen – und dieses mit Legosteinen und Legofiguren bezahlen will. Die Verkäuferin ist verblüfft und weiß nicht so recht, wie sie reagieren soll. Kian und Roya retten die Situation, indem sie zum Ständchen gehen und der Verkäuferin erklären, dass das Mädchen nicht wisse, dass man mit Geld bezahlen müsse. Kian erklärt dies auch dem Mädchen, geht zu seinem Liegeplatz, holt sein Taschengeld und lädt Freundin und Schwester auf ein Eis ein.

Diese Episoden bestätigen das, was ich bei meiner Arbeit mit hochbegabten Kindern und Jugendlichen seit fast dreißig Jahren beobachte: Diese jungen Menschen mögen zwar sozialen Kontakten eine andere Bedeutung beimessen als die große Mehrheit ihrer Altersgenossen, jedoch haben sie gerade Schwachen und Benachteiligten gegenüber sehr feine Antennen und verhalten sich ihnen gegenüber stets sehr mitfühlend und verantwortungsbewusst. Von den „asozialen“ Egomanen, für die sie oft gehalten werden, kann keine Rede sein.

Felix

Felix ist neun Jahre alt, besucht die vierte Grundschulklasse und bezeichnet sich selbst heute als glücklich. Doch der aktuellen Zufriedenheit ging eine äußerst schwierige und für die ganze Familie aufreibende Zeit voraus, die mit Felix‘ Einschulung angefangen hatte. In der Schule war Felix buchstäblich ab dem ersten Schultag der unverstandene, überall aneckende Sonderling, der sich mit den ihm zur Verfügung stehenden Mitteln – Wutausbrüchen, Verweigerungen und Gegenwehr – gegen die ungerechte Behandlung wehrte und damit erst recht die Abwärtsspirale anheizte. Die Wende brachte Felix‘ Testung in meiner Praxis und meine anschließende Intervention bei seinen Lehrerinnen. Durch das Wissen um sein Potenzial und die Akzeptanz und Wertschätzung, die er nun auch von seiner sehr kooperativen und in seinem Interesse sehr bemühten Lehrerin erfährt, kann Felix die Welt offensichtlich besser ertragen.

In Felix' Kleinkind- und Vorschulzeit deutete noch nichts auf die Schwierigkeiten hin, die ihn und seine Familie später ereilen sollten. Dennoch zeichnete es sich schon in den frühen Jahren ab, dass er nur in einer sicherheitsspendenden Atmosphäre der Zuwendung, des Verständnisses und der Anerkennung gedeihen würde. Da er in seiner Familie und später auch im Kindergarten auf ein sehr um ihn bemühtes und förderliches Umfeld traf, verliefen seine ersten Lebensjahre ohne besondere Auffälligkeiten.

Als Kleinkind war Felix ausgeglichen, sehr bewegungsfreudig, neugierig und aufgeschlossen, konnte jedoch auch sehr ungehalten werden, wenn er sich unverstanden fühlte. Im Kindergarten, den er bereits mit zwei Jahren stundenweise besuchte, war es ihm oftmals zu laut und es wurde deutlich, dass er sich – wohl aufgrund eines außergewöhnlich guten und empfindlichen Gehörs – unter vielen lärmenden Kindern schnell unwohl und überfordert fühlte. Im Kontakt mit Fremden wurde er im Laufe der Zeit immer zurückhaltender; unerwartete Vorkommnisse – etwa der Besuch des Nikolaus im Kindergarten – brachten ihn oft so sehr aus der Fassung, dass ihm der Rückzug aus der Situation ermöglicht werden musste. Er war sehr vorsichtig, stand ausgesprochen ungerne im Mittelpunkt und weigerte sich sogar, an seiner eigenen Geburtstagsfeier teilzunehmen. Spielen, deren Regeln er nicht einsehen konnte, verweigerte er sich konsequent. Einmal, da war er kaum drei Jahre alt, warf er am Kindergartengebäude eine Fensterscheibe vom Außengelände aus mit einem großen Stein ein. Glücklicherweise fragte ihn eine Erzieherin aus echtem Interesse nach dem Grund seines Handelns. Sie erfuhr, dass er die im Innenraum brennenden Kerzen für ein offenes Feuer gehalten und die Situation als äußerst gefährlich eingestuft hatte. Mit dem Steinwurf wollte er die von ihm überaus geliebten Erzieherinnen in der Einrichtung retten; eine Notfallaxt wie die Feuerwehr hätte er schließlich nicht gehabt.

Das Kinder-College, das Felix von seiner Geburt an kannte – er war stets dabei, wenn seine ältere Schwester dort Kurse besuchte – wurde nach Aussage seiner Mutter ein wunderbarer Erfahrungsraum für ihn. Ab seinem zweiten Geburtstag besuchte er den Chor der jüngsten Kinder, sang zur Gitarrenbegleitung umringt von ähnlich veranlagten Kindern schöne Kinderlieder, erkundete manches Kursangebot, indem er sich einfach in einen Kursraum schlich, und aß in der Cafeteria unzählige Waffeln und Wurstbrötchen. Im Kinder-College war er glücklich.

Felix blieb die volle Zeit im Kindergarten, obwohl eine frühzeitige Einschulung unter kognitivem Aspekt durchaus zu erwägen gewesen wäre. Er nahm an AGs teil, machte mit und wurde auch in manche Aufgaben einbezogen. Er genoss es, gemocht zu werden und er wurde anerkannt. Und er hatte Glück, dass immer jemand in enger Beziehung zu ihm stand und auf seine Bedürfnisse achtete. Lange äußerte Felix, dass er immer im Kindergarten bleiben wolle, die Schule würde er sich nicht zutrauen – seine sehr ehrgeizige Schwester schien ihm diesbezüglich ein mahnendes Beispiel zu sein. Es schien, als würde er seine eigene Unvereinbarkeit mit dem System Schule vorausahnen.

Mit seiner Befürchtung sollte er recht behalten. Schon sein erster Schultag endete mit Zweifeln, Tränen und der Aussage, dass er dort nicht mehr hingehen wolle. Dass er weder schreiben noch rechnen lernen und auch nicht wiederkommen wolle, teilte er vor der ganzen Klasse auch seiner Lehrerin ehrlich mit. Dies stieß sowohl bei der Lehrerin als auch bei den Mitschülern auf Unverständnis und Skepsis und nährte die Zweifel an Felix, die unterschwellig lange Bestand haben sollten. Anrufe mit Beschwerden, mahnende Worte, Ärger und Drohungen vonseiten der Schule und Wutausbrüche, Blockaden und Widerstand von Felix' Seite gehörten schon bald zum Alltag der Familie. Felix ging jeden Abend weinend zu Bett, seine empfundene Ohnmacht dem System Schule gegenüber wurde für alle zu einer starken Belastung.

Felix fand in der Schule keine Bezugspersonen, baute aber ein zaghaftes Band zu einem schweigsamen, nur gebrochen Deutsch sprechenden Schulbusfahrer auf. Da Felix das erste Kind war, das morgens einstieg, und nach der Schule das letzte, das wieder ausstieg, nutzten die beiden die Zeit, um sich einander mitzuteilen. Als der Busfahrer irgendwann einer anderen Route zugeordnet wurde, schenkte er Felix zum Abschied einen Stoffschneemann, der nach dem Mann benannt wurde und noch heute unter Felix' Kopfkissen liegen muss.

In der Schule aber häuften sich die unangenehmen Vorfälle. Nur drei Wochen nach Schuleintritt hatte Felix einen schweren Schulunfall: Im Spiel trat ihm ein anderes Kind versehentlich gegen ein Schlüsselbein; es brach. Obwohl er, ganz offensichtlich von Schmerzen geplagt, darum bat, dass man seine Mutter anrufen möge, wurde ihm diese Unterstützung verwehrt und er wurde in einem Schulbus nach Hause geschickt. Dass die Schule, die ansonsten auch täglich mehrfache Anrufe zur Vermeldung seines wiederholten Fehlverhaltens nicht scheute, dieses Mal nicht genau hinsah und seine Situation falsch einschätzte, war für Felix eine bittere Erfahrung. Es schloss sich eine mehrwöchige Phase der Genesung ohne Schule an, die sich für die ganze Familie als heilsam erwies.

Zurück in der Schule ging es in der gewohnten Manier weiter. Er war mehr und mehr zum Sonderling geworden, seine Rolle in der Klasse war klar, er wurde immer wieder geärgert und gehänselt. In seiner ohnmächtigen Wut beschimpfte er eine Lehrerin, erschrak selbst über das Gesagte, entschuldigte sich sofort und schrieb zu Hause sogar noch einen Entschuldigungsbrief. Doch nichts fruchtete, seine Entschuldigung wurde nicht angenommen. Felix war verzweifelt und traurig. Zu Hause stellte der Erstklässler folgende Frage: „Ist ein Kind weniger wert als ein Erwachsener? Als ich einen Unfall hatte, mir als Kind so sehr wehgetan und einen Knochen in der Schule gebrochen hatte – da sollte ich die mündliche Entschuldigung des

Jungen annehmen. Ich hatte keine Wahl. Eine Lehrerin hat immer die Wahl. Ich habe etwas Falsches gesagt, ich habe mich entschuldigt, ich habe mich noch mehr entschuldigt, so sehr ich kann, sie aber sagt: Ich nehme die Entschuldigung nicht an. Ist ein Kind weniger wert als eine Lehrerin?"

Im weiteren Verlauf resignierte Felix in der Schule zunehmend. Er wehrte sich unerbittlich gegen alles, was er als sinnlos und ungerecht empfand, und verweigerte die Mitarbeit. Sein Benehmen wurde wieder und wieder getadelt, als unheimlich und beängstigend betitelt und seine Intelligenz angezweifelt. Zu Hause weinte er oft.

Einzig einer Sonderpädagogin an seiner Grundschule mit bemerkenswert gutem Gespür für ihr Gegenüber gelang es noch, eine Bindung zu Felix aufzubauen. Um dem Jungen eine stundenweise Entlastung zu ermöglichen, stimmten die Eltern zu, ihn in eine von ihr geleitete Fördergruppe gehen zu lassen. Das Ziel, eine Stoffratte dieser Lehrerin bei gutem Benehmen am Wochenende ausleihen und mit nach Hause nehmen zu dürfen, war Felix' einziger Anreiz geworden, die Schule zu ertragen. Zuspruch fand Felix zudem bei seiner Judotrainerin, die ihn als hervorragende Pädagogin richtig einschätzte, eine Bindung zu ihm aufbauen konnte und ihm als Vertrauensperson den nötigen Halt gab.

Die Schulleitung begann unterdessen, Felix' Verbleib an einer Regelschule aufgrund seiner eklatanten Verhaltensauffälligkeiten infrage zu stellen. Man war auch der Meinung, das Problem des Kindes sei am ehesten in der Familie zu verorten, außerdem habe man Zweifel an einer altersgemäßen kognitiven Entwicklung des Jungen. Gleichzeitig verlor Felix durch die organisatorisch und personell bedingte Auflösung der Fördergruppe den regelmäßigen Kontakt zu seiner einzigen Vertrauensperson in der Schule. In diametralem Gegensatz zu seiner Einschätzung an der Schule stand Felix' Verhalten am Kinder-College: Dort war er als ein freundlicher, wissensdurstiger, konzentrierter und lernbereiter Schüler in allen Kursen gerne gesehen.

Felix wurde – auch um in weiteren sich schon zuspitzenden Gesprächen mit der Schule eine Argumentationsgrundlage in der Hand zu haben – in meiner Praxis getestet. Das Ergebnis des Tests und auch Felix' Verhalten während der Testung waren eindeutig. Wie mir seine Mutter berichtete, stieg Felix nach dem Termin wie von einer tonnenschweren Last befreit, glücklich ins Auto. Auf der Heimfahrt erzählte er, wie stolz er sei, wie sehr er nun denke, dass ihm das Testen geholfen habe, denn er habe in der Schule immer das Gefühl gehabt, er sei „dumm wie eine Schabe". Nun aber wisse er, dass er einen ziemlich schlauen Kopf habe und er mit seinem Leben noch etwas anfangen könne.

Nachdem ich Kontakt zu Felix' Lehrerin aufgenommen hatte, fanden erstmals konstruktive Gespräche mit der Familie statt. Gemeinsam mit Felix wurde beraten, welche Veränderungen zu einer Entspannung der Situation führen könnten. Dem Jungen wurde eine differenzierte Förderung zugesagt und es wurde entschieden, seinem ausdrücklichen Wunsch nach Verbleib bei seiner Lehrerin und in seiner bisherigen Klasse, zu der er nun einen deutlich besseren Zugang gefunden hatte, zu entsprechen. Schon bald wurde er zum Klassensprecher gewählt, fand Freunde und beteiligte sich am Unterricht.

Dass ihm die neu gewonnene Selbsterkenntnis bei den Mathematik- und Deutschnoten helfen würde, will Felix nicht versprechen, zu groß sei die Befürchtung, dass er die geweckten Erwartungen nicht würde erfüllen können. Doch in einem von ihm selbst als bewertungsfrei wahrgenommenen Fach stellte er sein hohes Potenzial bereits eindrucksvoll unter Beweis: Im Musikunterricht lief er beim Thema Beethoven zu einer Form auf, die auch seine Lehrerin in Staunen versetzte. Zu Hause fertige er ein Buch über den Komponisten als Geschenk für ebendiese Lehrerin an und schlug ihr vor, sich doch gerne bei ihm zu melden, falls sie am Wochenende noch Fragen zu Beethoven haben sollte; die Telefonnummer seiner Familie kenne sie ja.

Auch heute noch sieht Felix in manchen Arbeitsaufträgen von Seiten der Schule keinen Sinn, Hausaufgaben werden unterschiedlich gerne bzw. fleißig erledigt. Ein Jahr mit größtenteils Homeschooling hat er zum Teil sogar genossen, er war gerne zu Hause und die Familie hat gemeinsam das Beste daraus gemacht. Dennoch, seine Situation in der Klasse und der Kontakt zu seiner Lehrerin sind mit der anfänglichen Lage nicht mehr zu vergleichen.

Als ich unlängst mit Felix sprach, berichtete er mir freudig von seinen Aufgaben als Klassensprecher und Streitschlichter und von den vielen Freunden, die er in der Schule hat, seitdem er nicht mehr „der Wilde, sondern mehr der Ruhige“ ist. Wenn im Wechselunterricht wieder alle zusammen im Klassenraum sitzen, fühle es sich sogar an, als seien sie alle eine Familie, und das sei sehr schön, erklärte er schwärmend. Es freute mich zu sehen, dass er mit sich und der Welt offensichtlich im Reinen ist. Er erzählte mir vom Unterricht, dem er jetzt durchaus auch Positives abgewinnen könne, von seiner geliebten Tätigkeit als Schülermentor im Kinder-College und seinen Eltern, deren Engagement für ihn er durchaus zu schätzen wisse. Aufs Gymnasium freue er sich schon, mit all seinen Büchern und seinem Wissen zum Thema Kreuzzüge fühlt er sich gut gewappnet für den Schulwechsel.

Felix sage nicht nur, dass er glücklich sei, sondern wisse es auch zu vermitteln, versicherte mir seine Mutter unlängst. Er sei ausgeglichener, fröhlicher und zuversichtlicher. Und seine Lehrerin, das wisse er mit Sicherheit, sei die Beste auf der ganzen Welt.

Juri

Juri, 8 Jahre, zeigte schon im Kleinkindalter eine rasante Entwicklung seiner kognitiven Fähigkeiten. Da er zugleich auch sehr groß gewachsen war, nahm sein Umfeld den Vorsprung jedoch nicht immer als solchen wahr. In der Kindergartenzeit wurde der Junge durch „fehlendes soziales Interesse“ und unliebsame Verhaltensweisen auffällig. Durch die sich anbahnende Trennung der Eltern verstärkte sich Juris Fehlverhalten, wofür er von den Erziehern mit Kritik und Sanktionen belegt wurde. Weitere Verhaltensauffälligkeiten und eine zunehmende soziale Isolation des Jungen waren damit vorprogrammiert. Nach seiner Einschulung setzte sich die Problematik fort. In dieser Situation, die sowohl für Juri selbst als auch für seine Familie sehr belastend war, wurde der Junge in meiner Praxis vorgestellt. Das Ergebnis der IQ-Testung, die ich bei Juri durchführte, fiel sehr hoch aus, sodass ich der Familie riet, den Jungen zum zweiten Halbjahr des ersten Schuljahrs in die zweite Klasse „springen“ zu lassen. Gemeinsam setzten wir uns bei der Schulleitung dafür ein, und der Einsatz lohnte sich: Juris Situation verbesserte sich maßgeblich.

Wie aber kam es zu dieser Eskalation?

Juri zeigte bereits im Kleinkindalter ein ungewöhnlich reges und tiefgehendes Interesse für seine Umwelt. Er hinterfragte viel und holte sich wiederholt und auch von unterschiedlichen Personen Erklärungen zu ein und derselben Fragestellung ein. Er fing sehr früh an zu sprechen, redete von Anfang an viel und ohne jemals auf die Babysprache zurückzugreifen, interessierte sich früh für Zahlen und zahlenbasierte Spiele, ordnete gerne Dinge nummerisch ein und rechnete schon in seiner KiTa-Zeit bis in den vierstelligen Bereich. Beim Autofahren zeigte er einen guten Orientierungssinn auf den bekannten Strecken, lernte schnell die Verkehrszeichen und machte sich schon sehr früh Gedanken über mögliche Parkplätze am Zielort.

Gedanklich war er schon in sehr jungem Alter gerne in der Erwachsenenwelt unterwegs, auch war er schon immer ein guter Gesprächspartner für Ältere – offen, verständig und auch Fremden gegenüber sehr aufgeschlossen. Belange der Erwachsenen interessieren ihn bis heute noch oft mehr als alterstypische Themen. So begleitet er beispielsweise sehr gerne seine Mutter bei ihrer ehrenamtlichen Tätigkeit in einem Limeskastell in Wohnortnähe, möchte dort am liebsten aktiv mitarbeiten oder Gästeführer sein und es macht ihm Spaß, bei der Planung und Durchführung der dort veranstalteten Geburtstage mitzuwirken.

An Geschichten und am Vorlesen hat er viel Spaß, hört dabei intensiv zu, lässt sich Geschichten auch mehrfach vorlesen oder vorspielen und liest mittlerweile auch selbst sehr viel, gerne auch Sachtexte. Geografie ist eines seiner weiteren Steckenpferde, er beschäftigt sich oft mit seinem Atlas, malt Karten auf und ordnet Städte, Länder, Vulkane oder auch Fußballmannschaften geografisch ein.

Wenn er etwas erreichen will, zeigt er Willensstärke, so etwa beim Fußball, wo er sich als Sechsjähriger in einer ihm komplett unbekannten Gruppe als vermeintlich weniger talentierter Spieler mit viel Ehrgeiz durchgebissen hat, oder beim Fahrradfahren, das er mit drei Jahren innerhalb von einem Tag erlernt hat. Deutlich schwerer fällt ihm hingegen die Rücksichtnahme auf die Bedürfnisse anderer: Meistens beharrt er bis heute noch auf die Durchsetzung seiner eigenen Vorstellungen und Ideen.

Die Eltern förderten ihren Sohn von Anfang an intuitiv, auf der Basis ihres eigenen Wissens, oft gab bzw. gibt es zudem gemeinsame Recherchen zu Themen, für die sich Juri gerade interessiert.

Juris Entwicklung verlief problemlos, bis er in den Kindergarten kam. Dort habe man zwar Juris hohe Auffassungsgabe registriert, berichtet seine Mutter, doch habe man sich zu sehr auf seine Defizite konzentriert. Bemängelt wurde von Anfang an unter dem Stichwort „fehlendes soziales Interesse“ die zu geringe Beteiligung des Jungen an Gruppenaktivitäten, sein Frustrationsverhalten – er kam zum Beispiel nicht damit zurecht, wenn Gebautes im Sandkasten einen Tag später nicht mehr da war –, seine Distanzlosigkeit, die häufigen Konflikte mit anderen Kindern und die Tatsache, dass er vorwiegend mit jüngeren oder älteren Kindern spielte oder aber sich mit den Erziehern beschäftigte. Pädagogische Ansätze zur Förderung seines Sozialverhaltens habe es nur in geringem Umfang gegeben.

Die Situation spitzte sich in der Trennungsphase der Eltern zu. Die tiefe Krise, in die Juris Mutter gestürzt war, hinterließ auch in dem Jungen ihre Spuren. Zu den bekannten Problemen kamen Aggressionen und Wutanfälle, und in der KiTa wurde er schon bald als „Störenfried“ und als „unhaltbar“ gebrandmarkt. Seine Verweigerungen wurden nicht als solche erkannt, sondern als Empathielosigkeit fehlgedeutet. Das anfängliche Verständnis der Erzieher für Juris Leiden unter der häuslichen Situation schlug schnell in Sanktionen und Ausgrenzung um. Er wurde als „Gefahr für andere Kinder“ bezeichnet und bei unangemessenem Verhalten angeschrien. Unter seinen Erzieherinnen und Erziehern kamen nur diejenigen gut mit ihm zurecht, die über seinen Intellekt Zugang zu ihm gesucht hatten. Juris Brandmarkung hatte zur Folge, dass seine ohnehin schon spärlichen sozialen Kontakte noch weiter zusammenschrumpften.

Die Erzieher erhöhten den Druck auf Juris Eltern und drängten auf eine psychologische Untersuchung des Jungen im Heiltherapeutischen Zentrum (HTZ). Es sollte auch eine Integrationskraft beantragt werden, wozu es allerdings vor der Einschulung nicht mehr gekommen ist. Als sich Juris Mutter nach der Trennung von ihrem Mann psychisch stabilisierte und dem Sohn wieder verstärkt emotionale Unterstützung zukommen lassen konnte, schwanden Juris Verhaltensauffälligkeiten zusehends – erst zu Hause und dann auch in der KiTa. Dem Bericht für das HTZ wurde ein Anhang beigefügt, der diese positiven Veränderungen dokumentierte.

Nach Juris Einschulung veränderte sich die Situation nicht wesentlich. Zwar ging er von Anfang an gerne zur Schule, doch wurde ihm auch dort auffälliges Sozialverhalten attestiert. Zum zweiten Halbjahr setzte Juris Mutter auf meinen Rat und mit meiner Unterstützung die Versetzung des Jungen in die zweite Klasse durch. Leider fiel der Wechsel genau in den ersten Corona-bedingten Lockdown, sodass Juri zunächst einmal mit Hilfe seiner Mutter die Lerninhalte erarbeiten musste. Leichter wurde es für ihn, als die neue Lehrerin im Fernunterricht klare Anweisungen zum nachzuholenden und neu zu erarbeitenden Stoff erteilte. Juris Integration in die Klassengemeinschaft gelang auch über die Ferne sehr gut, und im

Wechselunterricht fühlte sich der Junge schnell wohl in der neuen Klasse. Er versteht sich gut mit seinen Klassenkameraden und hat sogar Freunde gefunden.

Im Unterricht und mit den zu erledigenden Aufgaben klappt noch nicht alles einwandfrei, und das ist auch für die Zukunft nicht zu erwarten. Schwierigkeiten bereiteten ihm anfangs aus Mangel an Übung die Schreibschrift, die Rechtschreibung und das Abschreiben, ebenso auch generell das Fach Deutsch sowie standardisierte Vorgaben in den kreativen Bereichen wie z.B. Kunst. Auch heute noch gibt es Konflikte darüber, ob und wie unliebsame Aufgaben erledigt werden sollen, zudem wehrt er sich gegen „unliebe" Schulaufgaben und schimpft über Verbesserungs- und Nachholarbeiten. Aber in den Fächern, die er sich über Logik erschließen kann – etwa Mathematik, Sachunterricht und Musik – arbeitet er mit viel Spaß und großem Eifer mit. Neben dem Unterricht bekommt er nun zusätzliches Fördermaterial geboten und besucht Kurse im Kinder-College.

Mit diesem Programm ist es uns gelungen, Juri vorerst zu stabilisieren. Ich werde ihn weiterhin engmaschig begleiten, bei sich abzeichnenden Schwierigkeiten Kurskorrekturen vorschlagen und diese, falls nötig, auch gegen Widerstände durchzusetzen versuchen.

*

Mit Juris Geschichte beschließe ich die Betrachtung der Kinderbiografien und möchte Ihnen nun die beeindruckenden Lebensentwürfe einiger hochbegabter Erwachsenen aus meinem persönlichen Umfeld vorstellen.

Der Humanist

Eberhard ist ein geschätzter Freund und Mitarbeiter, der die Arbeit des Kinder-College seit vielen Jahren maßgeblich unterstützt. Seine Kurse über Philosophie und Kulturgeschichte erfreuen sich bei unseren Teilnehmern größter Beliebtheit, denn Eberhard verfügt über die Gabe, sein immenses, fächerübergreifendes Wissen packend und begeisternd seiner Schülerschaft zu vermitteln. Als ich ihn bat, mir für diese Veröffentlichung seinen Werdegang zu schildern, stellte er mir drei prägende Stationen seiner jungen Jahre vor: das bildungsferne, aber in eine heile Dorfgemeinschaft eingebettete Elternhaus, die Gymnasialzeit an einer konfessionellen humanistischen Einrichtung und schließlich seinen Zivildiensteinsatz in einem kleinen Landkrankenhaus, der ihn menschlich ungemein bereichert hat. An diesen drei Orten erhielt Eberhard unter dem Einfluss starker, humanistisch geprägter Persönlichkeiten jene umfassende Bildung des Geistes und des Herzens, die ihn heute auszeichnet.

Eberhard wurde Ende der 1950er Jahre in ein Milieu hineingeboren, das der damals hochberühmte Philosoph Theodor W. Adorno als „bildungsferne Schicht“ bezeichnete. Sein Geburtsort war ein weniger als 700 Einwohner zählendes Dorf im Westerwald. In seiner Familie gab es in aufsteigender Linie keinen einzigen Akademiker, vielmehr verdienten seine Vorfahren ihren Lebensunterhalt über Generationen hinweg als Bauern, Bergleute und Handwerker.

Eberhards Vater besaß einen Realschulabschluss, die Mutter hatte acht Jahre die Hauptschule besucht. Zusammen betrieben die Eltern im Ort einen kleinen Tante-Emma-Laden und einen kleinen Bauernhof mit Kühen, Schweinen und Hühnern. Als Eberhard geboren wurde, gab es in seinem Elternhaus weder fließendes warmes Wasser noch Zentralheizung, Waschmaschine, Telefon oder Fernseher. Der einzige Zugang zur großen weiten Welt war ein Radio, das in der geräumigen, von einem Kohleofen beheizten Wohnküche stand. Nichts deutete darauf hin, dass Eberhard jemals eine akademische Laufbahn einschlagen würde. Seine Eltern gehörten zur Zielgruppe des Professor Adorno, der seine Studenten in die Dörfer schicken wollte, um die zurückgebliebenen Bauern über die Dialektik der gesellschaftlichen Verhältnisse aufzuklären.

Heute, über 60 Jahre später, ist Eberhard der Auffassung, dass die jungen Menschen, die in den grauen Wohnsiedlungen der Großstädte mit dem Smartphone in der Hand, mit Computer und Fernseher in oft zerrütteten Familien aufwachsen, es schwerer haben, in ihrer Kindheit Bildungserlebnisse von der Qualität zu sammeln, wie es ihm damals möglich war. Er selbst erhielt nicht nur die Aufmerksamkeit beider Eltern, die als Betreiber des Dorfladens den ganzen Tag „zu Hause“ arbeiteten, sondern auch weiterer Familienmitglieder – etwa des Großvaters väterlicherseits, der zum gemeinsamen Haushalt gehörte, sowie zahlreicher Großtanten und Großonkel – und der vielen Nachbarn im Dorf, die sich alle untereinander kannten.

Die Haustür stand ständig offen, und die Ladenöffnungszeiten waren reine Formalie. Manchmal kamen sonntagabends Nachbarn, um einen Karton Eier oder ein Pfund Salami zu kaufen, weil sie bemerkt hatten, dass das Nachtmahl sonst karg ausfallen würde.

Durch dieses soziale Umfeld erhielt Eberhard schon weit vor seinem Eintritt in die Grundschule eine Fülle von Eindrücken, die er für seine Charakter- und Herzensbildung heute als ganz wesentlich erachtet. Diese Menschen waren allesamt keine Intellektuelle, sie waren wirtschaftlich, politisch und kulturell nicht auf dem Laufenden, aber sie waren keineswegs dumm und ließen sich auch nicht für dumm verkaufen. Sie verfügten über einen festen, durch ein praktisch gelebtes Christentum und die Anforderungen des bäuerlichen Alltags geprägten Wertekanon, den Eberhard in seinen jungen Jahren oft als bedrückend und starr empfand. Er verdankt aber, das weiß er heute, diesem Umfeld auch vieles, was ihn geprägt und er sein ganzes späteres Leben hindurch bewahrt hat.

Durch seinen Großvater, der ihm auf den nachmittäglichen Spaziergängen über die Flure Volkslieder vorgesungen hat, erhielt er nicht nur seine musikalische Grundausbildung, sondern lernte, ebenfalls als frühes Bildungserlebnis, das kirchliche Leben und nicht zuletzt auch den beständigen Rhythmus des bäuerlichen Alltags kennen. Ab einem Alter von fünf Jahren wurde er zur Mitarbeit in der Landwirtschaft herangezogen. Er lernte, dass es für Schweine und Hühner kein Wochenende gab und sie auch samstags und sonntags in aller Frühe gefüttert und die Kühe gemolken werden wollten. Er lernte, dass das Heu im Sommer auch sonntags in die Scheune gebracht werden musste, wenn ein Gewitter drohte – ob man Lust dazu hatte oder nicht. Er lernte, dass die Nachbarn hinzu eilten und mithalfen, wenn es schnell gehen musste. Umgekehrt galt das auch für die Seinen, wenn die Nachbarn in Not waren. Er lernte, wie wichtig diese Solidarität und Loyalität in der Dorfgemeinschaft war, die pünktliche Pflichterfüllung jenseits des Lustprinzips, die genaue Planung bei Aussaat, Pflege und Ernte, das schnelle Reagieren, wenn die Situation es erforderte. Auf ganz praktische Weise wurde er so mit der Abhängigkeit des Menschen von der Natur, dem Kreislauf der Jahreszeiten und den unterschiedlichen Arbeiten vertraut, die zu erledigen waren. Er lernte den Wert der Nahrung kennen, weil er hautnah erfuhr, unter welchen Mühen sie erarbeitet wurde.

Von seinem Vater erfuhr er, welche unterschiedlichen Bäume und Hölzer es gab und wie sie verarbeitet werden konnten, und er lernte die Vögel an ihrem Zwitschern zu unterscheiden. Von seiner Mutter lernte er die verschiedenen Gemüse- und Blumenarten kennen, Unkraut zu jäten und Kartoffeln so zu schälen, dass möglichst wenig Substanz verloren ging. Die von ihr selbst gehäkelten Zierblumen und Gestecke, Deckchen, Westen und Socken waren ebenso kunstvolle wie stabile Gebilde, die die Jahre teilweise bis zum heutigen Tag überdauert haben. Zudem war sie eine meisterhafte Konditorin, die ihre Torten – und nicht nur diese – mit einem gnadenlosen Perfektionismus zu Meisterwerken trimmte.

Eberhard kränkelte als Kind oft, machte alle Kinderkrankheiten einschließlich Mittelohrentzündung, Keuchhusten, Masern, Mumps und Scharlach durch, war unsportlich, pummelig und handwerklich ungeschickt. Zum Leidwesen seines Vaters wurde schnell klar, dass er wohl weder zum Bauern noch zum Schreiner taugen würde. Auch für Fußball interessierte er sich nicht, dafür umso mehr für Märchen und Geschichten, wie sie ihm vor allem seine Großtante Anna und sein Großonkel Heinrich, der auch passionierter Ahnenforscher war, erzählten. Sein Grundschullehrer Gottfried Müller förderte dieses Interesse, und er war es auch, der Eberhards Eltern überredete, ihren Sohn ins Gymnasium zu schicken. Dies gelang ihm unter anderem mit dem Argument, dass Eberhard bei seiner Vorliebe für Bibelgeschichten und seinem großartigen Gedächtnis für Choräle vielleicht später einmal Pfarrer werden könne – eine Zukunftsvision, die hervorragend zum Wertekanon seiner Eltern passte. Eberhard übte schon bald fleißig und nahm auf dem Schulhof zeremonielle Trauungen seiner zehnjährigen Mitschülerinnen und Mitschüler vor.

Seine Eltern entschieden, den Sohn auf das etwa zwanzig Kilometer vom Heimatort entfernt gelegene humanistische Gymnasium der Zisterzienserabtei Marienstatt zu schicken. Eberhard betrachtet diese Wendung als einen weiteren großen Glücksfall in seiner Entwicklung, denn Marienstatt wurde zu seiner geistigen Heimat.

In den neun Jahren, die er dort bis zum Abitur zubrachte, lernte er eine Reihe sehr origineller Lehrerpersönlichkeiten kennen. Während er zu den wenigen farblosen Figuren und einigen „ausgemachten Sadisten" unter den Lehrern keinen Zugang fand, war er von den skurril-verschrobenen Charakterköpfen fasziniert – sei es durch ihre unglaublich weitgespannte humanistische Bildung, durch ihre echte Menschenliebe, ihren gemütvollen Humor, ihre aristokratische Eleganz oder ihren ästhetischen Enthusiasmus. Sie alle eröffneten ihm eine geistige Welt, die er bis dahin nicht kannte. Zwar forderten alle Disziplin und Leistung ein, aber sie waren zugewandt und vom „pädagogischen Eros" beseelt, wie es sein größtes Vorbild, sein langjähriger Lehrer für Griechisch und zeitweise auch für Latein, der Studiendirektor Brückert, formulierte.

Herr Brückert war ein Aristokrat vom Scheitel bis zur Sohle, nie erschien er anders als in Jackett und Krawatte. Lediglich an sehr heißen Sommertagen verzichtete er auf die dazu gehörige Weste. Er verstand es, den Idealismus Platons, die Tugendethik des Aristoteles, die von Menschenliebe, Pflichterfüllung und Weltverachtung zugleich geprägte Philosophie der Stoa, aber auch das tragische Lebensgefühl der homerischen Epen und der Dramen des Sophokles in lebendige Gegenwart zu übertragen. Herr Brückert war die Güte und Geduld in Person, wirkte immer distanziert und über den Banalitäten des Alltags schwebend. Manchmal aber wurde er unvermittelt von brennendem Zorn oder leidenschaftlicher Ergriffenheit gepackt. Dann gab er Sätze von sich, die sich dem Jungen dauerhaft ins Gehirn brannten. „Humanismus ist nichts, wenn er nicht Enthusiasmus der Liebe ist" – lautete etwa eine urplötzlich inmitten einer Übersetzungsübung hervorgestoßene Sentenz seines Lehrers. Unvergesslich ist für Eberhard auch die kleine Rede geblieben, die Herr Brückert am Ende der letzten Griechisch-Stunde vor dem Abitur hielt, nachdem es schon zur Pause gegongt hatte und er bereits im Begriff war, seine Aktentasche zu schließen: „Wir wissen manches, wir wissen sogar sehr viel. Aber das Wichtigste, das Wesentliche, das wissen wir nicht. Und deshalb ist Liebe wichtiger als Wissen". Gerade er, der Wissen vermittelt und eingefordert hatte wie kein zweiter, gab damit eine Botschaft weiter, die ihm die Schüler abnahmen, weil sie aufrichtig war. Er liebte, ohne das Wissen zu verachten. Er war ein Perfektionist, der sich Herzenswärme und Ritterlichkeit bewahrt hatte. Für Eberhard wurde Herr Brückert zum Inbegriff des christlichen Humanismus.

Eberhard erkor sich Herrn Brückert zum Vorbild, zeitweise ahmte er sogar seine vom griechischen Alphabet geprägte Schrift und seinen Habitus nach. Dass er ebenfalls Lehrer geworden ist, geht ganz wesentlich auf dieses Vorbild zurück. „Lehren und Heilen sind die beiden höchsten Formen menschlichen Sein-Könnens. Dadurch wird Leben bewahrt und Zukunft möglich" war ein weiterer Sinnspruch dieses großartigen Lehrers, dem Eberhard privat bis zu dessen Tod verbunden blieb. Nach dem Abitur besuchte er ihn oft in seiner Wohnung und es wurden viele Briefe ausgetauscht, und immer ging der junge Mann gestärkt von seinem Mentor weg oder erwarb aus seinen Zeilen neue Erkenntnisse. Er wollte ein Lehrer werden wie Herr Brückert, und er glaubt heute sagen zu können, dass ihm dies auch gelungen sei.

Neben Herrn Brückert waren es auch mehrere Patres unter den Lehrern und einige Lehrerinnen, die den Gymnasiasten tief beeindruckten. Ihnen allen war ein immenses Wissen eigen, das weit über die jeweiligen Fächer hinausging. Als er einmal über seine Lieblingslehrer und -lehrerinnen nachdachte, wurde ihm bewusst, dass praktisch alle den Weltkrieg am eigenen Leib erfahren hatten. Dass sie von der Kälte der russischen Winter, dem Flammeninferno der Bombenangriffe oder den Gräueltaten der Kommunisten und Nationalsozialisten gezeichnet waren, erfuhren die Schüler oft nur nebenbei, durch flüchtig am Rande des Unterrichts fallengelassene Bemerkungen. Diese Menschen hatten sich nicht nur Wissen und Weisheit angeeignet, sondern diese auch in schlimmsten Notlagen bewahrt, sie hatten nie den Geist verraten oder die Werte, die ihrem Leben Halt und Gestalt gaben. Ihre Werte, ihre Weisheit waren im Feuer der Not und des Elends erprobt worden und hatten standgehalten. Das prägte ihren Stil – und übertrug sich auf Menschen wie den jungen Eberhard, der empfindsam genug war, diese Charakterstärke zu erkennen und wertzuschätzen. „Nur Menschen, nicht Ideen haben mich beeinflusst; oder nur Ideen, die sehr individuelle Züge zeigen. Philosophie war mir immer Menschen-, nicht Ideengeschichte", zitiert Eberhard den Philosophen Ludwig Marcuse, um seinen Werdegang zu sich selbst zu erklären.

In der neunten Klasse lernte Eberhard einen weiteren Rückzugsort in Marienstatt kennen: die Klosterbibliothek. Mit der Hilfsbibliothekarin Frau Edith Maria Fischer, einer zum Katholizismus konvertierten Jüdin aus Prag, trat eine weitere prägende Persönlichkeit in sein Leben. Frau Fischer hatte Krieg, Verfolgung, Hunger und Feuer überstanden, und dennoch verfügte sie nicht nur über einen unverwüstlichen Humor, vielmehr noch blitzte ihr geradezu der Schalk aus den glänzenden Augen. Nie sah der Junge sie verbittert oder vergrämt, obwohl sie mit krummem Buckel wie ein wandelndes Fragezeichen auf ihren Stock gestützt durch die Regalreihen schritt. Sie schritt wohlgemerkt und schlurfte nicht, denn ihre Gelenkschmerzen bezwang sie mit eisernem Willen. Eberhard half ihr gerne, die schweren Codices und Bücher aus den oberen Fächern herunterzuheben, denn Frau Fischer salbte ihn bei jeder Handreichung mit charmanten Komplimenten, die sie noch unter den formliebenden Habsburgern gelernt hatte.

Frau Fischer, die außerordentlich belesen und zudem tief gläubig war, führte Eberhard in die Welt der Denker des katholischen Widerstandes und der katholischen Literaten der französischen Resistance ein – eine geistige Begegnung, die den jungen Mann zu einem folgenreichen Schritt veranlasste: Er konvertierte zum katholischen Glauben. In seinem evangelischen Elternhaus wurde dieser Schritt mit Entsetzen aufgenommen, und Eberhard geriet in heftige Konflikte insbesondere mit seiner Mutter. Ihr und seinen ebenso entsetzten evangelikalen Freunden vom *Christlichen Verein junger Männer (CVJM)* konnte Eberhard aber nur mit Luthers Worten entgegnen: „Mein Wissen und Gewissen zwingt mich dazu. Hier stehe ich, ich kann nicht anders."

Eberhard enttäuschte seine Mutter noch ein zweites Mal, als er sich nach dem Abitur weigerte, die von der Mutter ausgekungelte Zivildienststelle – eine leichte Bürotätigkeit bei der nahe gelegenen evangelischen Akademie – anzutreten, und sich stattdessen seine Wunschstelle selbst aussuchte. Diese befand sich in einem Krankenhaus mit nur 100 Betten und nur fünf medizinischen Fachabteilungen: Anästhesie, Augenkrankheiten, Chirurgie, Gynäkologie und Innere Medizin. Träger war der Johanniterorden. Die Stelle war mit Schichtdienst verbunden, auch am Wochenende. Er wohnte im Personaltrakt oberhalb von Labor, Röntgenabteilung und der chirurgischen und internistischen Praxis. Es hatte ihn von zu Hause weggedrängt und er wollte etwas in seinen Augen Sinnvolles tun. Der Dienst an Kranken und die Bedingungen dieser Stelle kamen seiner Absicht in jeder Hinsicht entgegen. Diese eigenmächtige Entscheidung war für ihn ein weiterer Schritt zur Emanzipation von seinem Herkunftsmilieu.

Die sechzehn Monate des Zivildienstes waren für Eberhards Entwicklung eine unermesslich reiche Zeit. Es gefiel ihm in diesem Krankenhaus so sehr, dass er während seines gesamten Studiums in den Semesterferien und über Weihnachten dort ausgeholfen und damit sein Studium teilweise finanziert hat. Dies war nur möglich, weil er von der Belegschaft dieses kleinen Landkrankenhauses schon nach kurzer Zeit nicht nur akzeptiert, sondern auch geschätzt wurde. Ihm wurden verantwortliche Aufgaben übertragen, in die er sich relativ schnell hineingefunden hat.

Zuerst war er in der inneren Abteilung tätig und verrichtete die üblichen Aushilfstätigkeiten, wie Essensausgabe, Begleitung der Patientinnen und Patienten zu den Untersuchungen, Bettenbeziehen und so fort. Da er aufgrund seiner Kindheit auf dem Bauernhof Mist und Dreck sowie unangenehme Gerüche aller Art gewohnt war, scheute er auch Arbeiten nicht, mit denen sich andere Zivildienstkollegen schwertaten: Bettpfannen entleeren und auswaschen, blutverkrustete oder eingekotete Verbände entfernen und für den Müll sortieren, bettlägerige Kranke und sogar die Körper der Verstorbenen waschen und aufbahren. Die Patienten mochten ihn, denn er konnte auch die ängstlichen und nervösen unter ihnen mit seiner einfühlsamen Art beruhigen.

Doch schon bald wurden ihm, der über ein sehr gutes Zahlengedächtnis verfügte, neue Aufgaben angetragen. Seine Fähigkeit, sich die vielen Telefonnummern von Hausarzt- und Facharztpraxen, Laboren und Instituten der größeren Krankenhäuser in der Umgebung, mit denen oft Kontakt aufgenommen werden musste, zu merken, bescherte ihm ein neues Tätigkeitsfeld an der Pforte und in der Verwaltung. In dieser Position lernte er viel über medizinische Diagnosen, die umsichtige und zugleich schnelle Handhabung von Notfallsituationen und den sensiblen Umgang mit Patientendaten, zudem arbeitete er sich in die Erstellung von Belegungs-, Verweildauer- und Diagnosestatistiken sowie in Abrechnungssysteme ein. Das Krankenhaus wurde sein zweites Zuhause, das er auch an Wochenenden und Feiertagen, selbst am Heiligabend nicht mied.

Die Pforte war der zentrale Begegnungsort in dem kleinen Landkrankenhaus, über den die Post, die Telefonate, die Aufnahmen und Entlassungen abgewickelt und Patienten und Besucher an ihre jeweiligen Zielorte gelotst wurden. In den ruhigeren Abendstunden kamen auch die diensthabenden Assistenzärzte, OP-Schwestern, Laborantinnen oder der Hausmeister gern zu einem Plausch vorbei. Zuweilen verirrten sich sogar die Chefärzte der inneren und der gynäkologischen Abteilung in die Pförtnerloge. Mit dem Chefarzt der Inneren Abteilung, dem aus Syrien stammenden Dr. Fahim Abboud, genoss Eberhard so manches philosophische Gespräch. Durch ihn lernte er ihm bis dahin unbekannte arabische Philosophen wie Ibn Rushd kennen. Ihm imponierte die enorme Ruhe und Gelassenheit dieses Arztes, die Sicherheit, mit der er Spritzen setzte, seine sehr förmliche Höflichkeit, sein oft unfreiwilliger Humor, der sich teils seiner Zerstreutheit, teils seinen seltsamen sprachlichen Wendungen verdankte. Es gab Anlass zu vielen Situationen anekdotischen Charakters. Wenn er telefonierte, bemalte er während des Gesprächs jedes in der Nähe liegende Papier – ob Krankenakten, Abrechnungen oder Statistiken – mit Hasen, Katzen und Eichhörnchen, und nicht immer gelang es Eberhard, die Schriftstücke rechtzeitig in Sicherheit zu bringen. Er war aber nicht nur ein ausgezeichneter Arzt, sondern zuhause auch ein liebevoller Vater, wie Eberhard, der seinen beiden Kindern Nachhilfeunterricht in Latein gab, feststellen konnte. Auch dieser Arzt wurde für ihn ein Vorbild, wie es zuvor seine Lieblingslehrer und -lehrerinnen gewesen waren.

Die Verflechtung von Tradition und Moderne verlieh dem kleinen Landkrankenhaus eine unverwechselbare Aura, die Eberhard sehr zusagte. Da war auf der einen Seite das sogenannte Kuratorium, das sich aus Ritterinnen und Rittern des Johanniterordens zusammensetzte. Darunter befanden sich Fürsten, Grafen, Freifrauen und andere Damen und Herren, die teils mit „Euer Durchlaucht“ oder „Exzellenz“ anzusprechen waren, auch am Telefon. Bei jeder dieser Begegnungen fühlte sich Eberhard in eine andere Zeit versetzt. Auf der anderen Seite wiederum glänzte das Krankenhaus aufgrund der ethnischen Vielfalt des ärztlichen und pflegerischen Personals mit internationalem Flair. Unter den Assistenzärzten fanden sich zwei Syrer, ein Libanese und ein Nigerianer, und unter den Krankenschwestern neun freundliche junge Damen von den Philippinen.

Die bei den Patres erworbenen Englischkenntnisse kamen Eberhard nun zupass: Er konnte sich gut mit den Philippininnen verständigen und war von ihrer Mentalität fasziniert. Sie wohnten in einem besonderen Teil des Personaltrakts oberhalb der Physiotherapie mit eigener Küche, in der sie ihre heimatlichen Gerichte kochten. Schon bald wurde er dazu eingeladen und er verbrachte viele Abende in ihrem Kreis. Er verliebte sich in eine dieser freundlichen jungen Frauen und heiratete sie später. Sie und ihre Kolleginnen eröffneten ihm den Zugang zur ostasiatischen Geisteswelt und gewährten ihm Einblicke in die sozialen Verhältnisse ihres Heimatlandes. Später reiste er mehrmals in die Heimat seiner Frau und unterrichtete dort auch. Die Erfahrungen, die er auf den Philippinen sammelte, wurden ihm ein Schatz für das ganze Leben.

Nur ungern verließ Eberhard das Krankenhaus, diese idyllische Stätte, um sein Studium in Mainz aufzunehmen. Doch er kehrte immer wieder zurück, auch in die Abtei Marienstatt und in sein Heimatdorf, zu den drei Wurzeln seines Lebensbaums. Aus diesen Wurzeln speisen sich, dessen ist er sich sicher, sein ausgeprägtes historisches Bewusstsein, seine wertkonservative Ethik – insbesondere das Empfinden seiner eigenen Verantwortung für das allgemeine Wohl –, seine Empfindsamkeit für die Schönheiten der Natur, der Kunst und des Einklangs in zwischenmenschlichen Beziehungen, sein Mitgefühl für das Leid von Mensch und Tier und die Sehnsucht, bei der Linderung dieser Leiden zu helfen.

Auf der Grundlage dieser Persönlichkeitsmerkmale ist er seinen Weg weiter gegangen. Er studierte Geschichte, Philosophie, Latinistik und Pädagogik, belegte als vielseitig interessierter Mensch nebenher zahlreiche Vorlesungen und Seminare aus anderen Fachgebieten, erwarb einen Magister-Abschluss in „Mittlerer und Neuerer Geschichte" und wurde schließlich zu dem wissenden und leidenschaftlichen Lehrer, als den ich ihn am Kinder-College kennengelernt habe.

Der Tausendsassa

Ich lernte Philipp im Zuge meiner Arbeit in der professionellen Begabtenförderung als fachlich kompetenten und überaus engagierten Kollegen kennen und schätzen. Er berät, so wie ich in meiner Praxis, Familien mit hochbegabten Kindern und Jugendlichen und setzt sich für die Förderung begabter junger Menschen ein. Sehr gut angenommen werden – unter anderem auch am Kinder-College – seine Workshops, die sich als Lebenshilfe für junge Hochbegabte verstehen, denn sie zeigen ihnen Wege auf, wie sie Frieden mit sich selbst und der Welt schließen können. Philipp ist ein späterkannter Hochbegabter, der in den entscheidenden Jahren seiner Entwicklung nicht die Förderung erhalten hat, die seinem Potenzial entsprochen hätte. Umso bemerkens- und bewundernswerter ist es, dass er dennoch zu sich selbst und seiner Bestimmung gefunden hat.

Philipp war 29 Jahre alt, als er von seiner Hochbegabung erfuhr. Als er das Testergebnis in den Händen hielt, wurde ihm beim Rückblick auf sein Leben plötzlich einiges klar. Erstmals hatte er eine Erklärung für das Gefühl des Andersseins, das ihn schon seit jeher begleitete. In seiner Kindheit und Jugend, als Hochbegabung noch nicht in aller Munde war, konnten außergewöhnlich begabte Menschen, die ihre Abweichung von der Norm spürten und deshalb mit sich selbst fremdelten, ihr Problem in der Regel weder benennen noch in Worte fassen. Sie mussten sich mit ihrem rätselhaften Selbst arrangieren – so wie auch Philipp, bis er seinen Testbefund erhielt.

Philipp kommt aus einem einfachen Elternhaus. Sein Vater war Fabrikarbeiter, die Mutter Hausfrau, beide waren nur schwach begabt; seine Mutter konnte kaum lesen. Den um ein Jahr älteren Bruder und die um sieben Jahre jüngere Schwester schätzt Philipp als normal begabt ein. Beeindruckt hat ihn als Kind vor allem sein Großvater, der im Nachbarhaus wohnte, sein Taufpate war und sich als talentierter Tausendsassa praktisch auf alles verstanden hatte. Er war gelernter Schuster, doch hatte er sich darüber hinaus alle möglichen handwerklichen Tätigkeiten selbst beigebracht. Unter anderem bastelte er an den verschiedensten elektrischen Geräten, auch Radios und Fernsehern, herum und reparierte diese gekonnt.

Philipp war ein kränkelndes Kind. Mit drei Monaten wurde bei ihm Asthma diagnostiziert und er musste „zigmal" vom Notarzt ins Krankenhaus gebracht werden. Wirksame Asthma-Sprays gab es damals noch nicht, weshalb die Medizin verstärkt auf Erholungskuren setzte. Insgesamt sechs Mal wurde Philipp für jeweils sechs Wochen in eine solche Kur verschickt – zum ersten Mal mit dreieinhalb, zum letzten Mal mit dreizehn Jahren.

Eine feierliche Einschulung gab es für den Jungen nicht, da er an seinem „großen Tag" wieder einmal in einer Kur weilte. Was er vor seiner Einschulung schon alles konnte oder wusste, weiß Philipp nicht mehr. Nach Erzählungen seines Vaters war er schon im Vorschulalter in der Lage, bis etwa zwanzig zu rechnen, was durchaus ungewöhnlich war. Die Lehrerin sprach wohl Philipps Mutter diesbezüglich an, doch mit der Erklärung „Das hat ihm der Opa beigebracht" ließ man die Angelegenheit auf sich beruhen. Es lag jenseits der Lebensrealität der Eltern, besondere Begabungen ihres Sohnes wahrzunehmen, geschweige denn sich um seine angemessene Förderung zu kümmern.

An die Grundschulzeit hat Philipp nur wenige Erinnerungen. Er weiß noch, dass es ihm Spaß gemacht hat, wenn die Lehrerin Wettrechnen anordnete. Außer ihm gab es noch einen weiteren rechenstarken Jungen in der Klasse, mit dem er sich bei solchen Wettbewerben regelrecht duellierte. Woran er sich noch ganz klar erinnern kann, sind die Ungerechtigkeiten, deren Zeuge er in der Klassengemeinschaft wurde. Einmal zum Beispiel verpetzte ein Mädchen einen Jungen, der ihr zuvor einen Schlag versetzt hatte, bei der Lehrerin. Die Lehrerin ermahnte den Buben: „Mädchen schlägt man nicht!", und forderte die Kinder auf, dem Jungen gemeinsam „Feigling!" zuzurufen. Philipp aber hatte gesehen, dass das Mädchen den Jungen zuvor die ganze Zeit gestichelt hatte und er sie mehrfach aufforderte, damit aufzuhören. Er empfand die einseitige Bestrafung des Jungen schlicht als ungerecht und beschloss, sich der kollektiven Strafaktion zu widersetzen. Bedauerlicherweise verhallten seine einsamen „Superstar"-Rufe ungehört im allgemeinen „Feigling"-Gebrüll.

In der Grundschulzeit war es auch, dass Philipp die Lust am Malen verlor. Er fand seine Bilder hässlich, da er sie mit der Vorstellung in seinem Kopf nicht in Einklang bringen konnte. Über die guten Noten der Lehrerin für die Bilder konnte er sich nicht freuen.

Im zweiten Halbjahr der dritten Klasse bekam er in der Kopfnote „Aufmerksamkeit" eine Drei und zog damit den Ärger der Eltern auf sich. In der Tat hatte er während des Unterrichts viel aus dem Fenster geschaut, aber das meiste trotzdem mitbekommen. In den Fachnoten hatte er eine Eins, eine Drei und der Rest waren Zweien, doch das interessierte die Eltern ebenso wenig wie die überaus seltsame Eins in der Kopfnote „Fleiß“. Philipp wusste mit Bestimmtheit, dass er in der gesamten Grundschulzeit nie fleißig gewesen war. Die Zusatzaufgaben, die die Lehrerin fleißigen Schülern anbot, machte er nie, und trotzdem bewertete sie seinen Fleiß mit einer Eins. Er war überrascht und zugleich ratlos. Vielleicht dachte sie sich, dass jemand, der im Unterricht so unaufmerksam war, zu Hause wohl umso fleißiger gewesen sein musste, um gute Klassenarbeiten zu schreiben?

Da seine Eltern wegen der schlechten Aufmerksamkeitsnote so verärgert waren, überlegte der neunjährige Philipp, wie er die Schande wieder ausbügeln könnte. Er hatte eine geniale Idee: Er musste sich während des Unterrichts nur vorstellen, dass die Tafel das Fenster sei und dort interessante Geschichten liefen. Dann würde die Lehrerin nicht merken, dass er an etwas anderes dachte. Der Plan ging auf und im vierten Schuljahr war ihm die Zwei in „Aufmerksamkeit“ wieder sicher.

Am Ende des vierten Schuljahres prangten lauter Einsen und Zweien in seinem Zeugnis und er bekam eine Gymnasialempfehlung. Dennoch kam er letztendlich auf die Realschule, was dem einfachen Grund geschuldet war, dass sein Vater mit einem Realschullehrer in einer Musikband spielte und die beiden Männer sich einen für Philipps Eltern vorteilhaften Plan ausgedacht hatten. Dieser sah vor, dass Philipps Bruder, der ein Jahr zuvor auf die Hauptschule gegangen war, an der Realschule die fünfte Klasse wiederholen sollte. Der Lehrer wollte dafür sorgen, dass er und Philipp in die gleiche

Klasse kamen, womit sich für die Eltern der Aufwand bei Elterngesprächen und Elternabenden erheblich verringern würde. Zudem waren sich die Eltern nicht sicher, ob Philipp wegen seines Asthmas und der damit verbundenen Fehlzeiten das anspruchsvollere Gymnasium schaffen würde.

So ging er sechs Jahre lang auf eine Realschule, die niemand sonst aus seiner Grundschulklasse besuchte, da es sich nicht um die eigentlich zuständige wohnortnahe Realschule handelte. Zwei weitere Asthma-Kuren im Alter von zwölf und dreizehn Jahren erbrachten Stofflücken, die Philipp jedoch selbstständig, ohne weitere Hilfe schließen konnte. Seine Schulnoten blieben stets gut. Zu keinem Zeitpunkt seines Schülerlebens hatte er eine Fünf in einer Klassenarbeit. Bis auf eine Vier in Kunst bewegten sich seine Noten durchwegs im Bereich von Einsen, Zweien und Dreien. So war es wenig überraschend, dass er das zehnte Schuljahr als Klassenbester mit einem Notendurchschnitt von 1,6 abschloss – und das, obwohl er für Klassenarbeiten nie gelernt, sondern höchstens am Tag davor das Heft durchgeblättert hatte. Seinem Empfinden nach wurde im Unterricht ohnehin alles x-mal wiederholt. Umso mehr wunderte es ihn, wenn er von seinen Mitschülern hin und wieder als Streber tituliert wurde.

Einen Außenseiterstand in der Klasse hatte Philipp dennoch nicht. Das lag wohl auch daran, dass er jedem, der danach fragte, seine Hausaufgaben zum Abschreiben überließ. Mehr noch – er gab Tipps zum Abschreiben, damit der Lehrer, wenn er bei der Hausaufgabenkontrolle durch die Reihen ging, nicht mehrfach das Gleiche vorfand. Doch trotz seiner guten Integration in die Klassengemeinschaft merkte Philipp, dass er anders war als seine Mitschüler. Die

Themen, die die anderen bewegten – Fußball, Musik, Mädchen – fand er eintönig. Irgendwann kam der Zeitpunkt, an dem er sich wünschte, er könnte ein Stück aus seinem Kopf herausschneiden, nur um so zu sein wie die anderen. Einfach mal mitreden, mitlachen, sich dazugehörig fühlen. Aber das war ihm nicht vergönnt.

Gegen Ende der Realschulzeit ging seine Mutter mit ihm und seinem Bruder zum Arbeitsamt, um „rauszukriegen, was die Jungs mal werden sollen". Nach der Auswertung verschiedener Eignungstests verkündete der Arbeitsberater, dass Philipp jeden erdenklichen Beruf erlernen könne, er sollte aber auf jeden Fall das Abitur machen. Er sei durchwegs überdurchschnittlich begabt, wobei sein Potenzial im technischen Bereich sogar noch ausgeprägter sei als im sprachlichen. Seinem Bruder wurde empfohlen, eventuell die Fachoberschule zu besuchen. Die Mutter war angesichts dieses Ergebnisses völlig verstört. Nachdem sich die Eltern zu Hause beratschlagt hatten, wurde entschieden, dass beide Jungs ein technisches Gymnasium besuchen sollten.

Philipp fühlte sich am technischen Gymnasium deutlich wohler als zuvor an der Realschule. Für Klassenarbeiten musste er aber immer noch nicht wirklich lernen, es reichte, wenn er sich am Tag davor die Mitschriften anschaute. Zugute kam ihm, dass er im Unterricht leidlich aufpasste und seine Hausaufgaben regelmäßig machte. Drei Jahre später bestand er das Abitur als Jahrgangsbester mit einem Schnitt von 1,3.

Als bei der Abiturfeier die drei besten Schulabsolventen nacheinander auf die Bühne gebeten wurden, stand er verstört dort oben, blickte hinunter auf die versammelte Schüler- und Elternschaft und fragte sich in Gedanken: „Warum klatschen die so? Die denken wohl, ich sei für das Abitur fleißig gewesen…War ich aber gar nicht. Die kennen mich doch gar nicht!“ Als er dann, wie die beiden anderen vor ihm, vom Schulleiter gefragt wurde, was er denn nun studieren würde, antwortete er, dass er dies überhaupt nicht vorhabe, er wolle Bankkaufmann werden.

So ganz stimmte das nicht. Vielmehr war es so, dass die Eltern im Laufe des dritten Gymnasialjahres klargestellt hatten, dass sie ein Studium nicht auch noch mittragen würden, die Jungs sollten sich für einen Ausbildungsberuf bewerben. So schickte Philipp einige Bewerbungen als Bank- und Industriekaufmann ab und erhielt nach Eignungstests und Vorstellungsgesprächen schnell die Zusage für einen Ausbildungsplatz.

Philipp wurde Bankkaufmann. Er fand die Lehre interessant und auch abwechslungsreich, da er alle paar Wochen in eine andere Abteilung oder Zweigstelle versetzt wurde. Die Berufsschule hingegen, die außer dem Fach Buchführung aus blankem Auswendiglernen bestand, langweilte ihn. Kurz vor der Abschlussprüfung überschlugen sich die Ereignisse. Nach heftigem Streit mit seinen Eltern musste er das Haus verlassen. Er suchte zunächst bei seiner Freundin Zuflucht und mietete wenige Wochen später selbst ein Zimmer. Doch nur kurze Zeit danach erkrankte er an Pfeifferschem Drüsenfieber und kam ins Krankenhaus auf die Isolierstation. In diesem Umfeld begann er für die anstehende Abschlussprüfung zu lernen – bzw. die kopierten Abschlussprüfungen der letzten Jahre, die aus Multiple-Choice-Aufgaben bestanden, durchzugehen. In seine Bücher warf er nur dann einen Blick, wenn er die falsche Antwort angekreuzt hatte. Die Prüfung, die er nach seiner Entlassung aus dem Krankenhaus schrieb, fand er „ganz ok“, während die anderen Azubis darüber klagten, dass die Abschlussprüfung in jenem Jahr ganz besonders schwer gewesen sei. Philipp hatte unter den 29 Lehrlingen des Betriebs die beste Prüfung abgelegt – und rastete dann aus. „Das kann doch nicht sein, dass ich schon wieder der Beste bin, obwohl andere viel länger und mehr gelernt haben als ich! Das gibt es doch nicht!“, ließ er seine Freundin aufgebracht wissen. Doch diese konnte sein verzweifeltes Unverständnis angesichts des guten Ergebnisses, das ihm zugefallen war, nicht nachvollziehen. „Du hast sie doch nicht alle! Jeder andere würde sich freuen, so eine gute Prüfung gemacht zu haben, und du schreist hier rum!“, erwiderte sie kopfschüttelnd. Philipp aber konnte ihr nicht erklären, was ihn an dieser – eigentlich sehr erfreulichen – Sache so beunruhigte.

Einige Monate, nachdem Philipp durch seinen Ausbildungsbetrieb als Bankkaufmann übernommen worden war, musste er seinen Zivildienst antreten. Die Zivildienststelle in seiner Heimatstadt hatte er sich selbst ausgesucht: Sie führte den Dienst *Essen auf Rädern* durch, der an ein Altenheim der Arbeiterwohlfahrt angegliedert war. Philipp half nun an sechs Tagen pro Woche in der Großküche des Altenheims bei der Essenszubereitung und fuhr ab dem späten Vormittag das Essen an alte oder bedürftige Menschen im Umland der Stadt aus. Samstags gab es die Mahlzeit für den Sonntag zum Selbstwarmmachen gleich mit. Zusätzlich übernahm Philipp einen Nachmittag pro Woche Tätigkeiten für die Pflegestation des Altenheims: Er fuhr Bewohner im Rollstuhl spazieren oder erledigte Besorgungen. Hierbei erhielt er einen Einblick in die schwierigen Arbeitsumstände des Pflegepersonals. Er stellte fest, dass alle älteren Pflegekräfte Rückenprobleme hatten. Dann musste er an die Einstellung denken, die er vor dem Antritt seines Zivildienstes hatte – er würde als Zivi doch niemals in ein Krankenhaus oder Altenheim gehen, um den „Urinkellner“ zu spielen –, und bekam ein schlechtes Gewissen. Mehr noch, er fing an, sich zu schämen.

Als ihm eines Tages im Büro der Heimleitung zu Ohren kam, dass dringend eine weitere Pflegekraft gesucht würde, bot er sich ganz unerwartet, für ihn selbst überraschend, für die Stelle an. Sein Angebot, kontinuierlich den arbeitsreicheren Vormittagsdienst zu übernehmen, da er sich nachmittags noch Geld hinzuverdiente, wurde gerne angenommen. Eine Woche später fing er als Altenpflege-Zivi auf der Pflegestation an.

Im ersten Monat beschäftigten ihn Abend für Abend die Eindrücke, die er tagsüber in seinem Pflegerdasein gesammelt hatte. Hatte er alle gut versorgt und nichts vergessen? Welchen Sinn hatte das Leben noch, wenn man in einem Altenheim wohnte oder sogar bettlägerig war? Was war dort seine Rolle, außer Menschen zu waschen, auf Toilette zu bringen, zu füttern…? Solche Fragen trieben ihn in jener Zeit um. „Es kommt darauf an, den Bewohnern schöne Momente zu bereiten, damit das Leben noch lebenswert bleibt“, folgerte er für sich und versuchte in der verbliebenen Zeit seines Zivildienstes, sein Verhalten nach dieser Maxime auszurichten. Er wurde zum „lustigen Philipp“, der jede sich bietende Gelegenheit für einen Spaß nutzte und so die Leute zum Lachen brachte. Und genau dafür waren sie ihm dankbar.

Philipp war 25, als er seinen Zivildienst beendete. Die Zeit im Pflegeheim hatte ihn verändert. Er dachte über seine Zukunft nach. Wollte er wieder in die Bank gehen und dort die nächsten 40 Jahre Geldgeschäfte erledigen? Er wusste, dass ihm dort kein dankbares Lächeln geschenkt werden würde, wie er es von den Heimbewohnern erfahren hatte. Sollte er in den sozialen Bereich gehen, Altenpfleger werden? Das war auch keine Option, er wollte nicht ein Leben lang das letzte Glied in der Kette sein, dazu noch bei schlechter Bezahlung. Er begann, über ein Studium nachzudenken, etwa Psychologie oder Sozialpädagogik. Mit einer solchen Ausbildung hatte man vielfältige Beschäftigungsmöglichkeiten und man konnte zudem flexibel zwischen den verschiedenen Bereichen wechseln. Oder sollte er sich doch dem widmen, was er schon immer am besten konnte – der Mathematik, Elektrotechnik oder Physik? Er konnte doch Forscher werden und Dinge erfinden. Aber dann fiel ihm ein, dass die Menschheit jede gute, neue Entdeckung erst mal zum Bau einer Waffe nutzen würde – so wie es seinerzeit Einstein ergangen war –, bevor sie zu positiveren Anwendungen führte. Außerdem wäre er in diesen Fächern wieder der Beste, ohne sich anzustrengen. Bei Psychologie und Sozialpädagogik hätte er es jedoch mit Menschen zu tun, deren Verhaltensweisen er noch nie richtig verstanden hat. In diesen Bereichen wäre er bestimmt nicht der Beste…

Seine Wahl fiel auf Sozialpädagogik. Damit entschied er sich aus der Vielzahl der Möglichkeiten, die sich ihm durch seine Begabung boten, für den schwierigsten Weg. Er tat dies wohl, um das befremdliche Gefühl loszuwerden, das ihn jedes Mal überkam, wenn er bei einer Prüfung oder einem Lehrgang wieder einmal Bester wurde – ohne etwas gelernt zu haben.

Philipp entschied sich für ein Studium in seiner Heimatstadt, denn auf diese Weise konnte er nebenher bei der Bank als Aushilfe Geld verdienen. Mit dem zusätzlichen BAföG verfügte er über ausreichend Geld, als das Studium begann. Gleich im ersten Semester machte er sieben der acht Scheine, die für das einjährige Grundstudium vorgesehen waren. Den achten Schein machte er nur deswegen nicht gleich, weil dieser erst im zweiten Semester angeboten wurde. Im zweiten Semester nahm er schon die Scheine des Hauptstudiums in Angriff, sodass ihm nach dem vierten Semester bereits alle zwölf Scheine des Hauptstudiums vorlagen. Da die Diplomarbeit erst im siebten Semester anstand, hätte er eine Verkürzung des Studiums beantragen können, doch er verzichtete darauf und beschloss, in den verbliebenen Semestern seinen persönlichen Interessen nachzugehen. Er belegte weitere Vorlesungen und Seminare sowohl in Sozialpädagogik als auch im Fachbereich Philosophie, arbeitete als Tutor für einen Professor der Philosophie und führte im Rahmen dieser Tätigkeit ein Semester lang selbst ein Seminar durch, machte Praktika – viel mehr als nötig – in einer Beratungsstelle, in einer Strafvollzugsanstalt und in einem Asylantenwohnheim. Durch eine glückliche Fügung ergatterte er zudem im sechsten Semester einen Auslands-Studienaufenthalt in Italien, obwohl er außer *si, no* und *pizza* kein Wort Italienisch sprach. Das spielte aber keine Rolle, denn schließlich musste er keine Scheine mehr erwerben.

In Italien lernte er Land und Leute kennen und natürlich Italienisch. Der Sprachkurs vor Ort und das Lernen aus Büchern erwiesen sich für ihn als eher hinderlich, denn sie stachelten nur seinen Perfektionismus an. Er sprach zunächst nur vorsichtig und auf Korrektheit bedacht und kam deswegen kaum voran. Als er aber die Bücher beiseitelegte und sich stattdessen mit drei Italienern traf, die aus unterschiedlichen Gründen auch Deutsch sprachen, lernte er rasend schnell und mit viel Humor garniert Italienisch. Eine ihm fremde

Sprache ohne viel Nachdenken so schnell aus dem Bauch heraus zu lernen, war für ihn eine neue Erfahrung.

Nach der beflügelnden Auslandserfahrung stand für ihn fest, dass ihn nichts mehr in seiner Heimatstadt halten würde. Er schrieb seine Diplomarbeit über ein Strafvollzugsthema und machte sein berufliches Anerkennungsjahr in Hamburg in einer Strafvollzugsanstalt. Da er kurz vor dem Umzug nach Hamburg seine spätere Frau kennenlernte, kehrte er nach dem Anerkennungsjahr doch noch zurück in seine Heimatstadt – obwohl er eigentlich sehr gerne nach Afrika in den Entwicklungsdienst gegangen wäre. Stattdessen begann er, in einem Jugendtreff mit schwierigen Kindern und Jugendlichen zu arbeiten, heiratete und wurde ein Jahr später Vater. Ein weiteres Jahr später ging er in den Erziehungsurlaub und betreute seinen damals 14 Monate alten Sohn.

Zum Zeitpunkt seines Umzugs nach Hamburg spielte er bereits mit dem Gedanken, sich beim Hochbegabtenverein Mensa testen zu lassen. Die Umstände, die dazu geführt haben, laufen noch heute wie ein Film vor seinen Augen ab. Im Juli 1992 saß er in seiner Studentenwohnung an schriftlichen Aufgaben und hörte, wie schon immer während seiner Schul- und Studienzeit, nebenher im Radio die „NDR2-Plattenkiste". Dort gab es immer interessante Studiogäste, die über ein bestimmtes Thema referierten, und zwischen den Gesprächsteilen lief gute Musik. An jenem Tag waren zwei Studiogäste eingeladen, deren Art zu reden Philipp faszinierte. „Die reden ja wie ich! Nur, dass ich damit immer anecke. Und die reden jetzt einfach so im Radio", dachte er sich. Er kam aus dem Staunen nicht heraus. Die Studiogäste hatten ein flottes Redetempo, locker-flockig und immer mit einem Schuss (Selbst)-Ironie berichteten sie über die

Aktivitäten eines Hochbegabtenvereins namens Mensa. Er schrieb sich die Kontaktadresse des Vereins auf und bestellte Informationsmaterial. Dieses enthielt auch zwei „Spieletests", die er umgehend machte. Das Ergebnis ergab, dass er an einem Mensa-Aufnahmetest teilnehmen sollte. Doch nun meldeten sich nagende Selbstzweifel in ihm. Nur weil er in der Schule immer gut war und bei diesen Tests gut abgeschnitten hatte, durfte er sich doch nicht für hochbegabt halten! „Du bist ein ganz schön arroganter Idiot! Schäm dich!", maßregelte er sich selbst. Nach ein paar Tagen packte er die Unterlagen zusammen und ließ sie in einer Schublade verschwinden – für die nächsten zwei Jahre.

Bei seinem Umzug nach Hamburg fiel ihm das Material wieder in die Hände und er begann, neu über die Idee einer möglichen eigenen Hochbegabung nachzudenken. Hamburg war der perfekte Ort dafür: Er kannte dort niemanden, und niemand kannte ihn. Er würde sich nicht blamieren, wenn er sich beim dortigen Ortsverein der Mensa vorstellte und an deren Treffen teilnahm. „Wenn die merken, wie blöd ich bin, kann ich ja einfach wieder wegbleiben und in ein paar Wochen haben die mich vergessen", tröstete er sich.

Im Sommer 1994 verwirklichte er seinen Plan. Die Vereinsgruppe traf sich einmal im Monat in einem Lokal. Er ging hin und konnte vom ersten Moment an gut mitreden. Nach ein paar Treffen wollte er sicher gehen, dass er dahin gehörte, und meldete sich zum nächsten Aufnahmetest an. Das Ergebnis kam per Post: „Sie haben sich für eine Mitgliedschaft qualifiziert." Tausend Gedanken schossen ihm durch den Kopf und er fing an zu begreifen, warum er sich schon immer so anders gefühlt hatte.

Bei den nächsten Mensa-Treffen versuchte er den anderen Teilnehmern Antworten zu entlocken, wie es denn bei ihnen früher gewesen sei – mit Freundeskreisen, in der Schule und privat. Doch er stieß auf eine Mauer des Schweigens, niemand wollte wirklich darüber reden. „Ja, es war nicht immer alles schön früher, aber lass uns doch jetzt hier dieses Logikspiel zusammen spielen“ – so oder ähnlich lautete jedes Mal die abwimmelnde Antwort. Als angehender Sozialpädagoge hatte er Interesse an Gesprächen über die Vergangenheit, die anderen aber offensichtlich nicht. Unbewusst fing er an, anstehende Stammtische zu versäumen und nach dem Anerkennungsjahr zog er zurück in seine Heimatstadt. Das Thema Hochbegabung hatte sich für ihn damit erst einmal erledigt. In seiner Heimatstadt gab es keine Mensa-Gruppe, und als einziger Kontakt zum Thema blieb ihm die zweimonatlich erscheinende Mitgliederzeitschrift.

Doch war es genau diese, die ihn im September 1997, zu Beginn seines Erziehungsurlaubs veranlasst hatte, sich erneut mit seiner Hochbegabung auseinanderzusetzen. Er las in der Zeitschrift eine Rezension zum Buch *Hochbegabte – Die verkannte Minderheit* von Jutta Billhardt. Er kaufte sich das Buch und mit dessen Lektüre begann die Selbstreflexion über die eigene Hochbegabung und deren Auswirkungen auf sein Leben. Er tauchte ein in seine Vergangenheit und sann über all seine Beziehungen nach – zu Eltern, Mitschülern, Nachbarn, Kommilitonen und Arbeitskollegen. Ihm wurde immer klarer, warum ihn viele andere in seiner Art nicht verstehen konnten, so wie er diese auch nur unzureichend verstand. Er las sich in das Thema ein und sein Interesse am Verein Mensa flammte wieder auf.

1999 ließ er sich zum Testleiter für *Mensa in Deutschland* ausbilden und begann in seiner aktuellen Heimatstadt – mittlerweile war er mit seiner Familie erneut umgezogen – Mensa-Aufnahmetests durchzuführen. Aus dieser Tätigkeit heraus entwickelte sich ein örtlicher Freundeskreis, in dem es zur Gewohnheit wurde, auch über die Besonderheiten hochbegabter Menschen zu reden und sich mit diesen auseinanderzusetzen. Dies lag nicht zuletzt daran, dass einige aus dem Freundeskreis hochbegabte Kinder hatten, die mit diversen Schwierigkeiten in der Schule zu kämpfen hatten.

In seiner alten Heimatstadt, die in der Nähe lag, organisierte er regelmäßige Treffen für Familien mit hochbegabten Kindern. Er ließ sich zudem in weiteren Testverfahren ausbilden und begann, auch Kinder und Jugendliche zu testen und ihre Familien zu beraten. Bis heute macht er dies nebenberuflich neben seiner Haupttätigkeit als Sozialpädagoge im Bildungsbereich. Darüber hinaus organisiert er seit 20 Jahren Workshops für begabte Kinder und Jugendliche, die den Teilnehmenden die Möglichkeit bieten, ähnlich veranlagte junge Menschen kennenzulernen. Nicht wenige Freundschaften konnte er auf diese Weise stiften, interessanterweise mehrheitlich unter Mädchen.

In seinen Workshops möchte er begabten jungen Menschen ein besseres Verständnis für sich selbst und ihr Umfeld vermitteln – und genau das ist auch ihm selbst über die Jahre gelungen. Auch wenn sein Freundeskreis zu etwa zwei Dritteln aus Gleichbefähigten besteht, kann er die „Normalbegabten" unter seinen Freunden mittlerweile besser verstehen und er überfordert sie nicht mehr mit überzogenen intellektuellen Ansprüchen. Offene, ehrliche und direkte Menschen mag er am liebsten, insbesondere, wenn sie über außergewöhnliche Lebenserfahrungen verfügen.

Seine eigene wichtigste Erfahrung, so Philipps Fazit, sei die (späte) Erkenntnis seines Andersseins und vor allem die aktive Auseinandersetzung damit. „Erkenne dich selbst“ ist zu seinem Lebensmotto geworden, denn Selbsterkenntnis ist, davon ist er überzeugt, der Schlüssel zu einem förderlichen Umgang mit sich selbst und mit seinen Mitmenschen – und ein wichtiger Meilenstein auf dem Weg zum persönlichen Glück.

Die Sprachanalystin

Melanie ist Sprachwissenschaftlerin an einer Universität in Niedersachsen. Es verbindet uns eine langjährige Freundschaft, die sich über die Zeit auch zu einer beruflichen Zusammenarbeit ausgeweitet hat. Melanie bietet am Kinder-College differenzierte orthografische Analysen für rechtschreibschwache begabte Kinder an, zeigt ihnen ihre individuellen Schwachstellen auf und gibt fundierte Tipps für eine Verbesserung ihrer Rechtschreibleistung. Durch ihr hohes fachliches Know-how, das sie in einer herausragenden Arbeit ins College einbringt, und ihre zugängliche, einfühlsame Art ist sie eine echte Bereicherung unseres Dozenten-Teams. Melanie, die als Kind trotz ihrer offensichtlichen hohen Begabung weder eine angemessene Unterstützung noch Verständnis für ihr Anderssein erfuhr, kämpfte auf ihrem Lebensweg mit tiefen Selbstzweifeln, durch die sie sich in ihrem beruflichen und privaten Werdegang viel zu oft selbst im Weg gestanden hat – ein Schicksal, das sie mit vielen anderen hochbegabten Mädchen und Frauen teilt.

Als ich Melanie bat, mir die wichtigsten Stationen ihrer Biografie zu skizzieren, dachte sie lange über das Prägende in ihrem Leben nach. „Identitäten", schrieb sie mir, „sind heterogen und fragmentarisch, und dieser Rückblick ist es ebenso. Es gibt unwesentliche Dinge, an die ich mich erinnere, aber ganze Phasen meines bisherigen Lebens habe ich einfach vergessen. Ich glaube, sich nicht zu erinnern ist normal, solange man sich nicht richtig intensiv mit der Konstruktion seiner Autobiografie beschäftigt. Vielleicht kommt es auch daher, dass ich – zumindest gefühlt – öfter neu angefangen habe und es immer mit einem Gefühl von Genuss verbunden war, Ballast abwerfen oder Altlasten hinter mir lassen zu können. Sogar wenn ich die Veränderung selbst als belastend empfunden habe. Das Gefühl, neu anfangen zu können, war immer schön. Mein Werdegang ist sicher kein Muster an Kontinuität."

Melanie ist in einem kleinen Grenzort in Belgien als ältestes von drei Kindern aufgewachsen. Als scharfe Beobachterin des in festen Bahnen verlaufenden Dorflebens störte sie sich schon früh an der kontrollsüchtigen Borniertheit und Doppelmoral, die in den 1970er Jahren das ländliche Leben prägten. Mit Abscheu registrierte sie den allgegenwärtigen bigotten Katholizismus, dessen Widersprüche offensichtlich niemand in ihrem Umfeld bemerken wollte. Man ging, so erzählt sie, am Wochenende in den Gottesdienst, weil es sich so gehörte, und zog gleich nach dem Kirchgang über die Nachbarn her, betrank sich oder führte zu Hause den Ehekrieg weiter. Man spendete für arme, unschuldige Kinder in Afrika oder Lateinamerika, war aber fassungslos und empört, als ein Dutzend erwachsener, meist männlicher Flüchtlinge in leerstehenden Einfamilienhäusern einquartiert wurden. Die Maxime „Mach es wie die Leute, dann geht's dir wie den Leuten", die in ihrem Umfeld gelegentlich zitiert wurde, schien zu ihrer großen Verwunderung zu implizieren, dass es „den Leuten" auf diese Weise gut ging. Auch sie und ihr Bruder mussten als Kinder in den verhassten Gottesdienst gehen – darauf bestand der Vater, der sich sonst kaum mit erzieherischen Dingen befasste. Und die Mutter, eine „eingeheiratete" Deutsche mit Außenseiterstatus und wenig eigenem Interesse am Kirchenleben, hatte den Kirchgang der Kinder durchzusetzen.

Obwohl der Glaube in ihrer Kindheit allgegenwärtig war, kann sich Melanie nicht erinnern, jemals gläubig gewesen zu sein. Schon früh, mit acht-neun Jahren, machte sie die Erfahrung, dass Kirche und Glauben wenig miteinander zu tun haben. Den Grundstein zu dieser Einsicht legte das cholerische, wenig christliche Verhalten des für den Religionsunterricht zuständigen Pfarrers. Viel mehr und viel länger als dieser Aspekt beschäftigte sie zu jener Zeit allerdings die – unbeantwortete – Frage, ob Gott der Herrscher über das gesamte Universum oder nur über den Planeten Erde sei. Als Achtjährige war sie der Meinung, ein Allmächtiger sollte eigentlich Herr über das ganze Universum sein, fand aber keinerlei Indiz dafür. Nur über die Erde zu herrschen, war aus ihrer damaligen Sicht keine besondere Leistung und rechtfertigte kaum „das ganze Aufhebens", das um Gott gemacht wurde.

Sie war ein stilles, braves Kind, das vermutlich wenig Arbeit machte. Von ihren Eltern erhielt sie dafür keine Wertschätzung, vielmehr meint sie, sich an ihre kurzen, verstohlenen Blicke zu erinnern, Blicke, die ihr später auch bei Lehrern oder Nachbarn auffielen und die zu fragen schienen: „Was ist sie denn für eine? Wo kommt sie her?" Melanie war das unverstandene Kind, das seinerseits schon recht früh das Bedürfnis entwickelte, andere zu verstehen. Sie sah, dass Menschen manchmal gemein und ungerecht waren, und suchte nach einer Erklärung dafür. Mit sehr feinen Sensoren für die Außenwelt ausgestattet, fing sie an, die Menschen zu beobachten. Die Bereitschaft, sich in andere hineinzuversetzen, habe sie wahrscheinlich zu einem mitfühlenden Menschen gemacht, mutmaßt sie. Es falle ihr grundsätzlich schwer, jemanden zu verurteilen. Position zu beziehen, der einen Seite Recht und der anderen Unrecht zu geben, habe sie sich später mühsam antrainieren müssen, mit dem Nebeneffekt, dass sie angefangen habe, sich selbst durch die Augen der anderen zu sehen. Dies sei, beteuert sie, das probateste Mittel, um sich selbst unerträglich zu werden. Dennoch hatte auch dieser Lernprozess sein Gutes, denn er offenbarte ihr ganz nebenbei eine Strategie, mit der sie sich der richtenden Blicke der anderen erwehren konnte: Sie blickte zurück, oder, um genauer zu sein, sie blickte zuerst. „Wer sich beobachtet fühlt, schaut ja meistens weg", fügt sie erklärend hinzu. In ihr selbst festigte sich die Erkenntnis, dass sie den Spieß umdrehen konnte und keineswegs in der Opferrolle verharren musste.

Melanie wuchs als introvertiertes, nachdenkliches Mädchen in einer Familie heran, die durch Sprachlosigkeit geprägt war. Einen Austausch über Probleme und Sichtweisen gab es nicht, es sei zu Hause generell sehr wenig geredet worden und schon gar nicht über das, was einem wichtig war oder einen bewegte. Im Nachhinein erscheint es Melanie, als sei ihr Alltag geradezu von Redetabus beherrscht gewesen. Die Eltern hatten weder die Geduld noch die Reife, sich mit ihrer wissbegierigen Tochter auseinanderzusetzen. Kindergeburtstage, Musikstunden oder sonstige Aktivitäten, die Arbeit oder Kosten verursacht hätten, gab es nicht. Melanie verwendete viel Mühe darauf, ihre reizbare Mutter nicht unnötig zu provozieren. Das gelang ihr nicht immer, und die Wutausbrüche, die dann unweigerlich folgten, gehörten zu den unangenehmsten Momenten ihrer Kindheit. Was Melanie an ihrer Mutter am wenigsten mochte – und sie bei den eigenen Kindern, die sie letztendlich nicht bekommen sollte, unbedingt anders machen wollte –, war ihre Weigerung, Entscheidungen und Ansichten zu begründen. Auf die Frage „Warum?" bekam Melanie als Kind selten eine nachvollziehbare Antwort, und wegen des unbegründeten, unerbittlichen „Neins" ihrer Mutter musste sie auf so manche Vergnügung mit Gleichaltrigen verzichten.

Dass sie in der Schule von Anfang an keine Probleme hatte und in den sechs Jahren Grundschule ihres Wissens immer Klassenbeste war, schreibt sie der Langeweile und dem Mangel an Abwechslung in ihrem Leben zu: Es gab außer dem Schulstoff einfach nichts, womit sie sich hätte beschäftigen können. Sie war nicht ehrgeizig, machte nur brav ihre Hausaufgaben und half nebenbei ihrem Bruder, der mit der Schule von Anfang an auf Kriegsfuß stand. Niemals wäre es ihr eingefallen, für eine Klassenarbeit zu büffeln. Als sie dies einmal in der Klasse erwähnte, warfen ihr einige Kinder – allen voran die neidisch veranlagten – vor, sie würde lügen. In dem Moment begriff sie, dass die anderen sehr wohl für Klassenarbeiten lernen mussten und sie für eine Angeberin hielten. Um sich anzupassen und nicht als Streberin angesehen zu werden, sprach sie fortan im Unterricht nur noch, wenn sie gefragt wurde. Dennoch wurde sie von den Lehrern mitunter für überheblich gehalten, da sie – entgegen der allgemeinen Erwartung – bei der Ankündigung von Klassenarbeiten weder Angst noch Aufregung kundtat. Sie erinnert sich noch gut an den ritualisierten Aufruhr in der Klasse in solchen Situationen, an die Ausrufe, gerade auch von guten Schülern, wie „Das schaffe ich nie!" oder „Oh nein, so viel zu lernen!" und daran, dass sie sich nie überwinden konnte, in dieser unglaubwürdigen Inszenierung mitzuspielen.

In Büchern fand Melanie schon früh den Türöffner in andere Welten. Sie verschlang jede Lektüre, die sie in die Hand bekam, und schon damals, in der Grundschulzeit, kristallisierte sich ihr Interesse für Sprache heraus. Aus den Büchern, die sie las, oder den Unterrichtsbeiträgen ihrer Lehrer sammelte sie Wörter, die eine rätselhafte Faszination auf sie ausübten, und bemühte sich, diese in ihren Schulaufsätzen unterzubringen – wohl nicht immer mit durchschlagendem Erfolg, denn sie erinnert sich in diesem Zusammenhang an rot angestrichene Stellen, Fragezeichen und den ihr allzu gut bekannten ratlos-staunenden Blick der Erwachsenen.

Ein paar Jahre später verschlang sie die typischen Mädchenbücher, allen voran „Hanni und Nanni“, und träumte von einem Leben im Internat, mit Schwimmwettbewerben, Pyjamaparties und einer Zirkusfreundin namens Carlotta. Heute denkt sie mit Schaudern an jene Zeit zurück, denn inzwischen sei ihr klar geworden, dass diese Bücher, die Konformismus und Mitläufertum als erstrebenswerte Lebensform darstellten, ihr das eigene Außenseitertum erst recht vor Augen führten. Sie erinnert sich, dass sie sich mit den unbeliebten Mädchen, von denen es in jedem Band eines zu geben schien, verglich und sich die bange Frage stellte, wie ähnlich sie ihnen wohl sei. Solche Bücher sollten heute nicht mehr gedruckt werden, stellt sie mit Nachdruck klar und begrüßt es sehr, dass sich die Kinder- und Jugendliteratur weiterentwickelt und schon wenige Jahre nach ihrer Teenagerzeit deutlich anspruchs- und verantwortungsvollere Bücher hervorgebracht hat.

Das schlimmste Erlebnis ihrer Kindheit, das ihre inneren Kämpfe auf Jahre prägen sollte, war ein dreiwöchiger Ferienlageraufenthalt im Berner Oberland, der sich – welch Ironie des Schicksals – zu einem wahren Internatsalptraum entwickelte. Ein Tag verlief wie der andere: Dreimal täglich eine Mahlzeit, dazwischen in Zweierreihen spazieren gehen, zudem nach dem Essen eine Stunde Bettruhe. Schnell zeigte es sich, wer die allseits beliebten und auch von den Erziehern gemochten Kinder waren. Dass sie selbst nicht dazu gehörte, überraschte sie nicht, denn sie wusste schließlich um ihren Sonderstatus. Das, was ihr jedoch eines Nachmittages im Schlafsaal widerfuhr, erschütterte ihr Selbstvertrauen bis in die Grundfesten, denn es wurde ihr klar, dass sie nicht einmal mehr auf emotionslose Akzeptanz hoffen konnte. Nach geheimnisvollem Getuschel eröffneten ihr nämlich die anderen Mädchen, dass niemand sie so richtig leiden könne. Zu den wie vor einem Tribunal vorgetragenen „Anklagepunkten" zählte, dass man ihr Benehmen schamlos fand – dabei habe sie sich damals für ziemlich alles, was sie tat, geschämt –, und ihre Röcke für unkleidsam hielt, da sie ihre rundliche Figur unvorteilhaft zur Geltung bringen würden. Sie versuchte, die Fassung zu wahren und sich „sachlich" zu den Kritikpunkten zu äußern, wollte aber im Inneren nur noch sterben.

Ihren Eltern ist sie bis heute dankbar dafür, dass sie ihr in puncto Schulbildung Entscheidungsfreiheit gewährten. Sie akzeptierten, dass Melanie an einem Tag im Halbjahr der Schule fernblieb, um neue Energie in der Zurückgezogenheit zu schöpfen, und sie erlaubten ihr, ab dem zweiten Jahr Lyzeum Latein statt Englisch als dritte Fremdsprache zu wählen. Für Latein hatte sie sich entschieden, weil sie die Vorstellung faszinierte, die Sprache eines Volkes zu erlernen, das schon lange nicht mehr existierte – und weil sie einen älteren

Schüler hatte sagen hören, dass Latein eine schwierige Sprache sei. Auch die Berufswahl überließen die Eltern ihr selbst, obwohl sie ihre Tochter gerne als Bankerin oder Ärztin gesehen hätten.

Das Lyzeum erlebte Melanie als einen prägenden Ort. Nach etwa anderthalb freudlosen Jahren schloss sie erste Freundschaften, genoss das Herumalbern im Klassenraum und machte erste intellektuelle Entdeckungen. Sie mochte die lateinische Literatur und wollte einige Monate lang Lateinlehrerin werden, doch war sie von der französischen Literatur ebenso angetan. François Villon, Rabelais, Montaigne, Molière, Baudelaire, Robbe-Grillet...: Jeder dieser Namen stand für ein Universum an Gedanken, mit jedem ihrer Schöpfer war sie im stillen, angeregten Gespräch. Sie fragte sich, wie es sein konnte, dass ihr so vieles von dem, was vor Hunderten von Jahren geschrieben wurde, so vertraut erschien. Später kam das Fach Philosophie hinzu, in dessen Rahmen sie ihr großes Faible für Logik entdeckte. Sie liebte die Logik, sie war für sie das, was für andere Kreuzwort- oder Sudoku-Rätsel sind: eine vergnügte Knobelei. Im Logikunterricht fiel es ihr richtig schwer, ihre Strategie des Sich-nicht-Meldens, die sie sich zurechtgelegt hatte, um nicht als Streberin zu gelten, aufrechtzuerhalten. Privat schwärmte sie – mit den wenigen engen Freunden, die sie hatte – für Herrmann Hesse und Nietzsche; Sartre fanden sie bieder und veraltet; eine große Entdeckung war Thomas Manns „Tonio Kröger".

Das Lyzeum war aber auch die Zeit der Absurditäten und skurrilen Lehrercharaktere, die sich ihr unauslöschlich ins Gedächtnis gebrannt haben: etwa der cholerische Lateinlehrer, der mitten im Unterricht das Fenster aufriss und Passanten anschrie, die ihre Hunde ausführten; ein anderer Lateinlehrer, der ihnen auf anschauliche

Weise beibrachte, dass der Stärkere sich alles erlauben könne und ihnen einmal half, Spickzettel für den Test bei der von ihm verachteten Geschichtslehrerin vorzubereiten; ein Französischlehrer, der ihnen kichernd versicherte, dass die guten Schüler *trotz* ihrer Lehrer lernen würden; ein Religionslehrer, der die Redewendung „Made im Speck" nicht kannte und ihnen weismachen wollte, das erste Wort sei das englische Partizip. Inzwischen interessierte sich Melanie brennend für die Psychiatrie, doch gelang es dem Schulpsychologen, der die Berufsberatung durchführte – ob mit oder ohne Absicht, sei unklar –, sie mit Warnungen vor der Länge des Studiums und den schlechten Stellenaussichten zu demotivieren. Generell habe sich bei einem schulischen Neigungs- oder Berufseignungstest nie eine eindeutige Richtung bei ihr ergeben.

Zum Studieren zog es sie nach Berlin, in diese Stadt mit Kultstatus, in deren Anonymität sie sich unbeobachtet fühlen, frei bewegen und ganz sie selbst sein konnte. Noch heute liebe sie es, als Fremde in der Großstadt unterwegs zu sein. Ihre Wahl fiel auch deswegen auf Berlin, weil sie Deutsch sprechen wollte. Sie studierte Literaturwissenschaft – auch Vergleichende –, wählte als Hauptfach jedoch Allgemeine Linguistik, ohne eine genaue Vorstellung davon zu haben, worum es dort überhaupt ging. In den Seminaren verhielt sie sich oft still, während manche Kommilitonen dort mit einer Selbstverständlichkeit und Sicherheit agierten, als seien sie an der Universität aufgewachsen. Oft passierte es jedoch, dass die Seminargruppe nach fünf oder zehn Minuten Diskussion bei der Lösung anlangte, die ihr gleich zu Beginn eingefallen war. Sie nahm sich (vergebens) vor, sich beim nächsten Mal gleich zu Wort zu melden. Erst später wurde ihr klar, dass sie das Hindernis des Eingeschüchtertseins mit allen teilte, die einer kleinbürgerlichen Nicht-Akademikerfamilie entstammten.

Mit der Linguistik als Hauptfach haderte sie zwar in den ersten Semestern, doch fand sie, je tiefer die Einblicke wurden, zunehmend Gefallen daran und fasste auch immer mehr Vertrauen in sich selbst. Es war für sie beglückend zu erfahren, dass viele Themen fast automatisch spannend wurden, wenn man sich nur im Detail mit ihnen befasste. Die Universität war schließlich auch der Ort, an dem sie eine zuvor nie für möglich gehaltene Entwicklung ihrer Persönlichkeit erfuhr. Eine maßgebliche Rolle spielten dabei die Referate, die sie, die Studierenden, allein oder im Team halten mussten. Melanie betrachtete ihre Referate stets als Ereignisse, für deren Gestaltung sie sich verantwortlich fühlte. Trotz des großen Lampenfiebers, das sie bei ihren Vorträgen jedes Mal befiel, hätte sie ihren vorbereiteten Text niemals einfach vom Papier abgelesen. Einmal, als sie ein Referat zusammen mit einer leicht nuschelnden Kommilitonin hielt, wagte sie es, die tuschelnden und kichernden Zuhörer in der letzten Bankreihe zurechtzuweisen. Als ein oder zwei Semester später eine ihrer Mitreferentinnen nicht zum Termin erschienen war, schlug sie in der Sitzung mehr oder weniger spontan vor, den Teil der abwesenden Studentin zu übernehmen – obwohl sie nur die groben Zusammenhänge ihres Parts kannte. Sie machte die Erfahrung, dass diese Art der Eigenständigkeit durchaus honoriert wurde, denn Jahre später bot ihr der Professor, der inzwischen an eine andere Universität gewechselt war, eine Promotionsstelle an.

Melanie ist nun seit über 20 Jahren Dozentin für Sprachwissenschaft. Sie vermittelt ihren Studierenden nicht nur die Hintergründe der Orthographie oder der grammatischen Analyse, sondern bietet darüber hinaus, wenn der Plan es zulässt, Seminare zum diskriminierenden Potenzial von Sprache an. Insbesondere versucht sie für rechtspopulistische Rhetorikstrategien zu sensibilisieren oder dafür, dass hinter Urteilen über Sprache oft (Vor-)Urteile über die betreffenden Sprecher stecken. Wenn es beispielsweise um „gutes" und „schlechtes" Deutsch geht, versucht sie die künftigen Deutschlehrer und -lehrerinnen zu einer kritischen Distanz anzuleiten und ihnen zu zeigen, dass die scheinbar so „natürlichen" Sprachnormen historisch bedingt und menschengemacht sind. Es sei ihr wichtig, betont sie, dass junge Menschen ihre Wahrnehmung schulen und die Feinheiten der menschlichen Kommunikation beobachten lernten. Ein ausgereiftes pädagogisches Konzept habe sie nicht, aber der Humor sei ein wichtiges Prinzip ihrer Lehrtätigkeit: Zum einen helfe er gegen die Angst, die bekanntlich das Gehirn außer Gefecht setzt, und zum anderen wolle sie zeigen, dass man beim Nachdenken, beim Umgang mit Sprachdaten einfach Spaß haben könne. Dass heute viele Studierende, gerade auch des Lehramts, trotz geringer Berufsneigung an ihrem Studium festhalten, nur weil sie nicht wissen, was sie sonst mit ihrem Leben anfangen sollen, findet sie traurig.

Was den Bildungsstandort Universität angeht, möchte sich Melanie den pauschalen Klagen über den zunehmenden Kultur- und Bildungsverfall nicht anschließen. Es stimme zwar, dass viele Studentinnen und Studenten das Diskutieren als lästig und überflüssig empfinden bzw. fertige Erkenntnisse – darunter auch eindeutige und „richtige" Antworten, die sie in der Prüfung referieren können – bevorzugen würden. Für bessere Studienkonditionen zu streiken und dafür einmal eine erfolgreiche Seminarteilnahme zu riskieren, komme für die meisten nicht in Frage. Doch sei es zu kurz gedacht, dies den Studierenden anzulasten oder, wie es gern gemacht werde, die junge Generation generell als einfallslos und desinteressiert zu stigmatisieren. Denn schließlich provoziere das Hochschulsystem – als Spiegel der Gesellschaft – die Vergleichbarkeit der Leistungen und belohne das Stromlinienförmige, die Ergebnisorientierung, den Gedanken der maximalen Effizienz bei minimalem Einsatz. Die Studierenden verhielten sich schlicht so, wie man es von ihnen erwarte. Viel zu selten sei man sich im akademischen Betrieb dessen bewusst, worin – nach Niklas Luhmann – der Wert der Geisteswissenschaft liege, nämlich darin, unsere Welterfahrung komplexer zu machen und damit gerade auch dem Reiz der einfachen Antworten zu widerstehen.

Es wäre nun ein Leichtes zu behaupten, alles habe so kommen müssen oder sie sei dort angelangt, wo ihre Bestimmung lag, schließt Melanie. Sie könnte Belege dafür sammeln, dass sie schon früh ein besonderes Verhältnis zur Sprache hatte, angefangen von der kindlichen Sprachbewusstheit bis hin zur jugendlichen Faszination für Hesses Beobachtung, dass sich das, was man als eigenste Wahrheit erkannt habe, schwer aussprechen lasse, weil „alles gleich ein wenig anders (wird), wenn man es ausspricht, ein wenig verfälscht, ein wenig närrisch“ (Siddharta). Aber diese Auswahl wäre, dessen ist sie sich sicher, nur eine nachträgliche Sinnkonstruktion. Es hätte alles auch ganz anders kommen können, und wenn sie überhaupt etwas bedaure, dann, dass sie nicht mehrere Leben gleichzeitig leben könne.

Melanie ist, wie man anhand ihrer Ausführungen gut erkennen kann, eine intellektuell brillante, hochempfindsame Person. Ich bin der festen Überzeugung, dass an ihr eine ganz herausragende, für ihre Studentinnen und Studenten wertvolle Professorin verloren gegangen ist. Sie hätte sich diesen Schritt mit Sicherheit zugetraut, wenn in jungen Jahren ihr Selbstwertgefühl und ihre Gaben gefördert worden wären. Die Tatsache, dass es unter den Hochbegabten oft die Mädchen und Frauen sind, die mit Selbstzweifeln kämpfen und ihre Qualifikation für größere Aufgaben viel zu kritisch hinterfragen, zeigt die Bedeutung und das dringende Erfordernis gezielter Unterstützungsmaßnahmen für begabte Mädchen ab dem frühesten Alter auf.

Der Systemvernetzer

Joachim bewarb sich am Kinder-College als Dozent für die MINT-Sparte. Da der Schwerpunkt unseres Kursangebots auf den MINT-Fächern liegt, ist jeder einschlägige Experte, der seine fachliche Exzellenz gerne mit wissbegierigen Kindern und Jugendlichen teilt, am Kinder-College herzlich willkommen. Als ein Mensch mit besonders hoher Begabung passt Joachim ausgezeichnet in das Profil unserer Einrichtung. Er ist ein beliebter Dozent und geschätzter Kollege, der auch bei unserer Elternschaft ein hohes Ansehen genießt. Joachim wuchs in einem Umfeld auf, das eigene Vorstellungen von der Zukunft „des Jungen" hatte. Über mehrere Umwege, seiner eigenen Intuition folgend, tastete er sich jedoch in jene Bereiche vor, die seinem Interesse und seiner Begabung entsprachen und wurde ein angesehener Experte für Informationstechnologie.

Joachim ist vaterlos aufgewachsen. Sein Vater kam durch einen Unfall ums Leben, als er drei Jahre alt war, sodass die Erinnerungen an ihn nur noch schemenhaft sind. Großvater und Urgroßonkel – der eine Reserveoffizier, der andere ein ehemaliger Kavallerieoffizier aus der Zeit der Weimarer Republik – übernahmen die Erziehung des Jungen mit dem Ziel, dass auch er Offizier wurde. „Aus dem Jungen soll etwas werden", lautete die energisch gelebte Maxime. Der Junge selbst hatte zu jenem Zeitpunkt kaum eine Vorstellung davon, was ein Offizier war. Für die Mutter war diese Maßnahme ganz normal, denn in der Familie wurde das mit den Jungen schon immer so gehalten. Außerdem konnte sie sich dadurch intensiver um das stets kränkelnde jüngere Kind, eine Tochter, kümmern.

Auf dem Gutshof seines Urgroßonkels hatte Joachim eine – gerade auch im Vergleich zu heutigen Verhältnissen – naturnahe und abenteuerliche Kindheit. Er lernte reiten, schießen und andere für eine spätere Militärausbildung nützliche Fähigkeiten. Zudem besaß er einen eigenen Hund, einen Langhaardackel, und sein bester Freund war der riesige Wallach Maxl, ein Kaltblutpferd, mit dem er heute noch viele angenehme Erinnerungen verbindet. Maxl zog etwa beim jährlichen Schützenfest den Wagen mit den Honoratioren des kleinen Heideortes, in dem Joachim seine Kindheit verbrachte. Das Pferd bekam dafür einen Eimer mit Panschbier aus dem Schützenfestzelt, auf das es sich stets schon lange vorher zu freuen schien. Unter dem Dach einer Remise wohnte Agathe – so nannten die Kinder die Schleiereule, die sich dort eingenistet hatte. Sehr oft besuchte der Junge diesen Nachtvogel, dem er sich auf einen oder zwei Meter nähern durfte. Die Schönheit des Tieres erweckte in ihm eine Ahnung vom Wert der Schöpfung und eine tiefe Ehrfurcht vor dieser, die er bis heute empfindet.

Joachim hielt sich, wann immer möglich, draußen auf, stromerte durch die Wälder und die Heidelandschaft, beobachtete Wildtiere und lernte viel über die Natur. Die heimatliche Landschaft prägte ihn so sehr, dass es ihm bis heute noch ein Bedürfnis ist, sie von Zeit zu Zeit aufzusuchen und zu erleben.

Sehr früh schon ging er seiner Umgebung mit für damalige Verhältnisse als ungewöhnlich empfundenen Fragen auf die Nerven, etwa wie weit der Mond entfernt sei, wie groß dieser sei oder was das Feuer der Sonne in Gang halte. Einzig seine Urgroßmutter bewies Engelsgeduld mit ihm und beantwortete viele seiner Fragen. Im Gegenzug erzählte sie ihm, wie es früher gewesen war, dass sie zum Beispiel ihre Eltern „siezen“ musste und kein Plattdeutsch sprechen durfte. Als er mit acht Jahren an Masern erkrankte, las er alle Bücher, die er bekommen konnte, darunter auch die Familienbibel. In den Geschichten, die er dort vorfand, bemerkte er Unstimmigkeiten, die auch später im Religionsunterricht nicht ausgeräumt werden konnten. Wegen der beharrlichen Zweifel, die er auf seiner Suche nach Logik und Wahrheit im Unterricht kundtat, wurde er zum „ungläubigen Thomas“ der Klasse.

In der Grundschule sprachen die Kinder noch oft Plattdeutsch, obwohl das nicht gern gesehen und später sogar verboten wurde. Der Deutsch- und Erdkundelehrer hatte einen niederdeutschen Namen – er hieß Pankoke, was so viel wie Pfannkuchen bedeutet. Da das Plattdeutschsprechen verboten war, machte sich Joachim einen Spaß daraus und sprach ihn mit Herrn Pfannkuchen an, was diesen angesichts des allgemeinen Gelächters der Klasse mächtig entrüstete. Als sich der Fall trotz der offen gezeigten Missbilligung des Lehrers wiederholte, wurde Joachim zum Schulrektor gebracht. Es gab jedoch keine Strafe für ihn, sondern lediglich eine Belehrung, und nachdem er das Büro des Rektors verlassen hatte, hörte er herzhaftes Lachen hinter der verschlossenen Tür.

Auf die Frage, was er einmal werden wollte, gab er als Grundschüler an, sehr gerne Förster oder Hufschmied lernen zu wollen. Förster kam jedoch nicht infrage, da der Großvater seines Großvaters als Förster beim Stellen von Wilddieben erschossen worden war. Auch Hufschmied durfte er nicht werden, da man davon ausging, dass es in wenigen Jahren kaum noch Pferde zum Beschlagen geben würde. Der wahre Grund aber war, dessen ist er sich sicher, dass ein solcher Beruf als nicht standesgemäß angesehen wurde.

Im Februar 1961 schwänzte er eines Tages die Schule, denn am Himmel stimmte etwas nicht. Es wurde auf dem Schulweg recht früh am Tag ungewöhnlich dunkel und ein grau-violettes Licht breitete sich aus. Ein Blick zum Himmel zeigte, dass die Sonne zu einem sichelförmigen Rest geschrumpft war. Da dieser immer noch zu grell leuchtete, um das Spektakel mit dem bloßen Auge verfolgen zu können, nahm Joachim das Pergamentpapier von seinem Schulbrot, faltete es und konnte auf diese Weise seine erste totale Sonnenfinsternis beobachten. Viel zu spät im Unterricht angekommen, musste er seinem Lehrer Rede und Antwort stehen. Auf die Frage, was denn wohl am Himmel gewesen sein könnte, antwortete er, dass er glaube, der Mond habe sich vor die Sonne geschoben. Es gab nur einen Klassenbucheintrag.

Als Joachim am gleichen Nachmittag zur Winterweide seines Freundes Maxl lief, fand er diesen regungslos am Boden liegend vor, den Körper schon ausgekühlt. Der empfindsame Junge wurde krank vor Kummer und sein sonst so unnahbarer Urgroßonkel tröstete ihn, sprach mit ihm über die Endlichkeit des Lebens, die auch ihn selbst kaum ein Jahr später ereilen sollte.

In der siebten Klasse erlebte der Junge eine Erweckung. Mit der Klasse besuchten sie die Sternwarte von Hamburg-Bergedorf, die ihn außerordentlich beeindruckte. Zum ersten Mal im Leben erhielt er

Antworten auf all die Fragen, die ihn schon so lange beschäftigten und bis zu jenem Zeitpunkt unbeantwortet geblieben waren. Dieser prägende Ausflug machte ihn zum Amateurastronomen. In dieser Eigenschaft korrespondierte er sogar mit dem damals populären Fernsehprofessor Heinz Haber, der auch einige der Beobachtungen des Jungen in seiner populärwissenschaftlichen Zeitschrift „X" veröffentlichte. In Joachim reifte der Entschluss heran, einen wissenschaftlichen Beruf zu ergreifen, sehr zur Enttäuschung seines Großvaters, der ihn – ohne sein Wissen – schon bei der Heeresoffiziersschule angemeldet hatte. Der Junge besuchte zu jener Zeit die Realschule und hätte auf der Offiziersschule das Abitur machen können. Stattdessen entschied er sich für eine Lehre als Chemielaborant, denn dies war der einzige wissenschaftliche Beruf, den man in der Umgebung des Heideortes erlernen konnte.

Doch auch diese Lehre konnte Joachims Fragen, etwa nach der Entstehung der chemischen Elemente, nicht beantworten, sodass er zu dem Entschluss kam, dies selbst herausfinden zu müssen. Sie hatten einen sehr beliebten Ausbildungsleiter, der sich als Weinexperte ausgab und es bedauerte, in einer Biertrinkergegend leben zu müssen. Er behauptete, jede Weinsorte bezüglich Herkunft, Lage und Jahrgang sicher einordnen zu können. Diese Behauptung bewog Joachim zu einem Experiment, das ihm einen zweifelhaften „Titel" einbrachte. Aus Glykol, etwas Zuckerwasser, Ascorbinsäure, reinem Alkohol und einem abgefilterten Lehm- und Schieferextrakt kreierte er einen „Wein", den er dem Ausbildungsleiter zur Verkostung anbot. Dieser stellte eine „erdige Note", jedoch auch ein ausgewogenes Verhältnis von Fruchtsäuren und Restsüße fest und tippte auf einen jüngeren Jahrgang eines Mittelrheinrieslings. Als Joachim ihm sein Mischungsprotokoll vorlegte, lachte der Ausbilder Tränen und ernannte ihn zum „Chemokomiker“. Anschließend waren sie, die Laborantenlehrlinge, bei Silvesterparties sehr gefragt, denn sie hatten die lautesten Böller, die höchstfliegenden Raketen und Effektfeuerwerk vom Feinsten, alles nach eigener Rezeptur selbst hergestellt.

Bei der Abschlussprüfung ereignete sich ein Vorfall, bei dem Joachim eine uneigennützige, unprätentiöse Hilfsbereitschaft an den Tag gelegt hat, die ihresgleichen sucht. Als eine Kollegin aus purer Nervosität ihre für die qualitative Untersuchung erhaltene Probe verschüttete, konnte Joachim dem wohl folgenreichen Missgeschick nicht tatenlos zusehen: Zusammen mit einem Mitlehrling rettete er von der Probe, was noch zu retten war, und gemeinsam führten sie heimlich die Analyse für ihre Kameradin durch. Er bemerkte zwar, dass eine der anwesenden Prüferinnen sie beobachtet hatte, doch erhielt er von ihr das Signal, weiterzumachen. Den anderen Prüfern war der Vorfall offensichtlich entgangen. Alles in allem konnte sich das Ergebnis der Aktion sehen lassen: Joachim und sein Mitstreiter erhielten in der praktischen Prüfung die Note zwei, was angesichts des doppelten Arbeitspensums ein durchaus beachtliches Ergebnis war, und die prüfungsängstliche Kollegin wurde immerhin mit einer Drei benotet. Am wichtigsten aber war, dass sie alle bestanden hatten.

Nach erfolgreichem Lehrabschluss wurde er von der Firma, die ihn ausgebildet hatte, übernommen. Er wurde mit analytischen Sonderaufgaben in Eigenregie beauftragt und zum Leiter eines Laboratoriums mit zwei Mitarbeitern ernannt.

Kurz darauf erhielt er seine Einberufung zur Bundeswehr. Er erkundigte sich eingehend, welche Möglichkeiten ihm dort offenständen, und entschied sich, als Zeitsoldat im Marineführungsdienst zu dienen, weil er sich dort mit Nachrichtentechnik, Radar und Bordelektronik beschäftigen konnte. Er schloss die erforderlichen Ausbildungen als Jahrgangsbester ab und wurde daraufhin als Funker in einem Schnellbootgeschwader verpflichtet. Zu jenem Zeitpunkt erkannte er, dass er für sein berufliches Fortkommen das Abitur brauchte. Die Bundeswehr als „Schule der Nation" ermöglichte es ihm, neben seinem normalen Dienst abends eine Förderklasse zu besuchen. Nach etwas mehr als zwei Jahren legte er die Abiturprüfung mit einem recht guten Ergebnis ab.

Zwischenzeitlich war er bei internationalen Übungen auch als Truppendolmetscher für die englische Sprache tätig und erwarb weitere Qualifikationen, z.B. als Nachrichtentechnik- und Elektronikspezialist. Die Tätigkeiten an Bord verschiedener Schiffe in unterschiedlichen Funktionen wie z.B. Innendienstleiter (Spieß) und Funkmeister, später auch als Fachoffizier, waren für ihn hochinteressant und oft auch abenteuerlich, denn es war schließlich die Zeit des kalten Krieges. Er hat es nie bereut, diesen Weg gegangen zu sein.

Auch sein Großvater war mit ihm versöhnt, als er sah, dass der Junge – zumal aus seiner Sicht – gute Fortschritte machte. Doch Joachim schlug erneut einen Haken und entschied sich, nach Ablauf seiner Verpflichtungszeit einen anderen, neuen Weg einzuschlagen. Er bewarb sich bei einem internationalen Automobilkonzern um eine Stelle als Nachrichtentechniker bzw. Kommunikationsspezialist. Die anspruchsvolle Eignungsprüfung, die er für den Erhalt dieser Stelle ablegen musste, bestand er mühelos und wurde anschließend in einer Kommunikationsabteilung übernommen, die eine Satellitenfunkverbindung nach Übersee betrieb.

Damals, in jener Abteilung erkannte er, dass die Zukunft der Kommunikation in der Technik der integrierten Schaltkreise – heute nennt man sie Computerchips – lag. Er begann sich für Informatik zu interessieren, die damals noch in den Kinderschuhen steckte. Daneben verfolgte er weiter seine astronomische Leidenschaft als Himmelsbeobachter teilweise auch zusammen mit anderen Amateurastronomen und drang immer tiefer in den Wissensfundus dieser faszinierenden Wissenschaft ein.

Schon bald suchte die Wirtschaft händeringend nach Informatikern. Um diesen Bedarf zu decken, wurden einschlägige Studiengänge unter anderem auch nebenberuflich, etwa über die Fernuniversität Hagen, angeboten. Joachim belegte in Verbindung mit der Deutschen Angestellten-Akademie und der Fernuniversität Wirtschaftsinformatik bis zum erfolgreichen Abschluss.

Eines der zu belegenden Fächer war Industrielles Rechnungswesen. Bei diesem Lehrgang lernte er seine spätere Ehefrau kennen, die sich ebenfalls nebenberuflich zur Bilanzbuchhalterin ausbilden ließ. Seit nunmehr 34 Jahren sind sie glücklich verheiratet und pflegen das Gärtnern und verschiedene Sportarten als gemeinsame Steckenpferde.

Im Zuge seiner Beschäftigung bei dem international agierenden Automobilkonzern war er als Systemanalytiker und Projektplaner für Netzwerktechnik beschäftigt, wobei er viele Abteilungen des Konzerns im In- und Ausland mit den Innovationen der Informationstechnologie auszustatten hatte. Das brachte mit sich, dass er die Mitarbeiter im Umgang mit dieser damals revolutionären Technologie zu schulen hatte, sodass er einerseits weiterhin Computerprojekte plante und andererseits lehrte, wie diese zu betreiben waren. Er und weitere 19 Mitarbeiter betreuten zeitweilig an die 800 Computerarbeitsplätze.

In dieser Tätigkeit vergingen die Berufsjahre wie im Flug, zumal er auch immer wieder zu Militärübungen einberufen wurde. Da es auch dort einen enormen Bedarf an Informatikern gab, wurden etwa alle 18 bis 24 Monate jeweils zwei- bis dreiwöchige Einsätze fällig. Als Belohnung winkten entsprechende Beförderungen, die für einen Reservisten zwar weniger bedeutsam waren, jedoch Joachims Großvater, der nun schon an die 90 Jahre alt war, glücklich machten. Aus dem Jungen war anscheinend doch noch etwas geworden.

Seine Projektanträge für Netzausbau, neue Server oder Peripheriegeräte musste er stets vom Finanzdirektor unterschreiben lassen, damit sie anschließend dem Vorstand vorgelegt werden konnten. Der Finanzdirektor fragte ihn, was er denn tun würde, wenn er einmal nicht unterschriebe. Er antwortete, dass er dann eigentlich sehr froh wäre, weil ihm eine Menge Arbeit erspart bliebe, aber zugleich würden sich dann wohl auch die Entwicklungsmöglichkeiten des Unternehmens schmälern. Den Finanzdirektor hatte er damit überzeugt, nun sollte noch der Vorstandsvorsitzende unterschreiben. Dieser bot Joachim während der Projektvorstellung einen Drink an. Ob er noch weitere Vorschläge hätte? Ja, einen hätte er noch, antwortete er. Mit einem Augenzwinkern schlug er dem Vorstandsvorsitzenden vor, vor seiner Tür aus Sicherheitsgründen einen Zebrastreifen anbringen zu lassen, damit die Radfahrer die Kriecher nicht überfuhren. Der Vorstandvorsitzende schenkte ihm noch einen Drink ein und bot ihm das „Du“ an. Etwas später befand sich vor seiner Tür tatsächlich ein Zebrastreifen, ausgeschnitten aus einem Verkehrslernteppich.

Joachim gehörte zu jenen Kollegen des mittleren Managements, die ihre Karriere auf der sprichwörtlichen Ochsentour gemacht hatten. Er konnte Emporkömmlinge nicht leiden, die ihre Karriere auf das Einschleimen oder, besser noch, das Golfspielen aufbauten, nur weil man hierbei „rein zufällig“ Vorstände treffen konnte. Diese Kollegen hatten ihm eröffnet, dass man ohne Golf zu spielen niemals Vorstandsmitglied werden könne. Joachim lernte nie Golf spielen.

Dafür machte er im Laufe seiner Berufsjahre eine Entdeckung, die ihn nachdenklich stimmte und ihn die „Segnungen“ der modernen Arbeitswelt hinterfragen ließ. Er selbst, der mit der Aneignung neuer Technologien nie Probleme hatte und auch selbst technische Innovationen vorantrieb, musste erkennen, dass sich etliche Kolleginnen und Kollegen durch den rasanten Wandel anscheinend überrumpelt und überfordert fühlten. Der Drink, der bei Managern während der Arbeitszeit üblich war, fand offenbar auch in den unteren Etagen regen Zuspruch. So kam es immer wieder vor, dass man bei der Auflösung von Arbeitsplätzen nach Pensionierungen oder Kündigungen Alkoholika-Verstecke fand. *War das normale Arbeitsleben nur noch unter Alkohol zu ertragen?*, fragte er sich. Für nicht wenige war es wohl so, doch blieb dies ein absolutes Tabuthema.

Eine besondere Herausforderung seiner Berufsjahre war die „Aufbereitung der Marktgebiete der neuen Bundesländer“. Auch dort wurden Vertriebsbüros mit neuer Systemtechnologie eingeführt und es herrschte in jener Zeit, in der er als Projektkoordinator tätig war, eine regelrechte Goldgräberstimmung. Aus heutiger Sicht kann er jedoch nachfühlen, dass sich so mancher ehemalige DDR-Bürger von den Geschehnissen regelrecht überrollt vorkommen musste, auch wenn sich sein Unternehmen stets um gleichberechtigte Partnerschaften bemüht hatte.

Die viele und intensive Arbeit jener Jahre stellte auch seine Ehe auf eine harte Bewährungsprobe. Seine Frau musste damals viel Geduld mit ihm haben und ihm vieles nachsehen, denn normale Arbeitszeiten waren ein Fremdwort für ihn. Es gab viele Dienstreisen und noch mehr Überstunden. Es gab aber auch, als Ausgleich dafür, ausgedehnte Urlaubsreisen, die das Paar stets als Individualurlaub zum Kennenlernen von Land und Leuten gestaltete.

Die Berufsjahre vergingen wie im Flug. Mit 58 Jahren ging er in die Altersteilzeit, um sich auf den Ruhestand vorzubereiten. Die Heim-und-Garten-Idylle entpuppte sich jedoch als trügerisch. Er stellte fest, dass ihm die Aktivitäten rund um das Haus nicht reichten, um seine Zeit sinnvoll auszufüllen. Er fing an, mehr Sport zu treiben und sich im Vereinsleben seiner Heimatgemeinde zu engagieren. Heute ist er Geschäftsführer des Sportvereins und Schriftführer und Pressewart beim Heimat- & Verschönerungsverein. Um der Funktion als Pressewart seinen Vorstellungen gemäß gerecht zu werden, besuchte er ein Kurzseminar bei einer Regionalzeitung. Seitdem hat er an die hundert Zeitungsartikel über die Vereinsarbeit veröffentlicht. Seine Texte sind offensichtlich so gelungen, dass er auch von weiteren Vereinen für die Pressearbeit angefragt wurde – bis er, um unerkannt zu bleiben, irgendwann aufhörte, seine Artikel zu signieren. Es war ihm klar geworden, dass er seine Kräfte nicht ausschließlich in die Vereinsarbeit stecken wollte.

Für diese Entscheidung bin ich ihm dankbar, denn 2014 stellte er sich beim Kinder-College vor. Ich suchte gerade einen Dozenten für Astronomie und seine Bewerbung kam wie gerufen. Seit 2015 unterrichtet er Astronomie und seit 2017 auch Chemie in unserer Einrichtung, letzteres besonders gern im Team mit der Studierenden

Anna Schäfer. Dass es ihm eine Freude ist, sein Wissen an junge Menschen weiterzugeben, sind keine hohlen Worte. Unsere Teilnehmer mögen und schätzen seine Kurse sehr, denn sie vermitteln ihnen einfache, elementare Wahrheiten, deren Verständnis jedoch unabdingbar ist, wenn man sich mit den „großen Dingen" der Welt auseinandersetzen will. Was ist Luft? Was ist Wasser? Das zu erläutern und die enorme Bedeutung dieser Stoffe für das Leben zu erklären, ist ihm ein wichtiges Anliegen. Dass diese Stoffe geschützt und sauber gehalten werden müssen – Stichwort Umweltschutz –, gehört auch zu den persönlichen Überzeugungen, die er mit seinen Schülern teilen möchte. Er wünscht sich, dass es ihm gelingt, seine eigene Begeisterung für die Naturwissenschaften an die junge Generation weiterzugeben.

Ich schätze Joachims bodenständige, unprätentiöse fachliche Exzellenz und sein vorbildliches soziales Engagement sehr. Mit den Worten seines Großvaters sage ich daher aus tiefster Überzeugung: Aus dem Jungen ist sehr wohl etwas geworden!

Die Kommunikationsstrategin

Lauren ist eine intellektuell äußerst begabte und emotional hoch empfindsame junge Frau, die ich zu meinen Freundinnen zähle. Sie steht in dieser Veröffentlichung stellvertretend für eine jüngere Generation von Hoch- und Höchstbegabten, die bereits in ihrer Schullaufbahn mit der Problematik der eigenen Hochbegabung konfrontiert wurden und heute, im Bewusstsein ihres hohen Leistungspotenzials, mitten im Berufsleben stehen. Lauren hat eine anspruchsvolle Stelle mit europaweiter Verantwortung in der Marketing-Branche inne und kann mit großer Klarheit die Vor- und Nachteile benennen, die sich im Beruflichen wie im Privaten durch ihre Begabung ergeben. Für dieses Buchprojekt erzählte sie mir zahlreiche Details aus ihrem Werdegang und ihrer Empfindungswelt – Fakten, die auch anderen hoch sensitiven Menschen helfen können, sich selbst zu erkennen und zu verstehen.

Lauren stammt aus einem intellektuellen Elternhaus. Ihr Vater, ein in Forschung und Lehre tätiger Professor, war Alleinverdiener, solange die Kinder noch im Haus waren. Die Mutter, eine ausgebildete Sprachwissenschaftlerin, hat mit vier Kindern das klassische Familienmodell gelebt und ist erst nach dem Flüggewerden der Kinder wieder berufstätig geworden. Lauren ist die Älteste von vier Kindern – zwei Töchter und zwei Söhne –, die im Zeitraum von elf Jahren geboren wurden.

Die Eltern, für die die individuelle, insbesondere auch künstlerische und musische Förderung ihrer Kinder ein wichtiges Anliegen war, schickten Lauren in den Waldorfkindergarten und später auch in die Waldorfschule. Damit wurden sie jedoch den Bedürfnissen ihrer ältesten Tochter keineswegs gerecht, denn Lauren war schon von klein auf ein Freigeist und konnte sich mit dem Waldorf-System nicht anfreunden. Sie erinnert sich noch, dass sie im ersten Kindergartenjahr, in dem sie zu den neuen „Sternenkindern" gehörte, nur mit drei Farben – gelb, blau und rot – malen durfte. Sie rebellierte, indem sie von zu Hause heimlich Stifte in anderen Farben mitnahm. Sie hatte auch nie verstanden, warum sie donnerstags beim Kochen helfen sollte. *Schließlich bezahlten die Eltern doch für den Kindergarten?*, war ihr Gedanke. Also lief sie weg, in den Garten, und ihre Weigerung blieb folgenlos. Als ihr einmal auf der Fahrt zum Kindergarten im Auto ihres Vaters schlecht wurde und sie wieder mit nach Hause durfte, war das ein schöner Tag für sie.

Lauren spielte schon als Kind am liebsten allein. In der frühen Kindheit und den ersten Schuljahren hatte sie immer nur ein bis zwei enge Freunde oder Freundinnen, während ihre zweieinhalb Jahre jüngere Schwester sich gerne mitten im Trubel aufhielt. Die Eltern förderten Laurens Einzelfreundschaften, unter diesem Aspekt gab es keine Differenzen zwischen Eltern und Tochter.

Schon als Kind war es Lauren wichtig, ihre Autonomie zu haben, und sie konnte es nicht ausstehen, wenn andere Menschen sich ihr aufdrängten. Erinnerungen an Situationen, in denen genau das passierte und an den Widerwillen, den sie dadurch verspürte, gehen bis ins Alter von zwei Jahren zurück. Sie weiß noch, wie sie sich als Vierjährige am Strand in Cuxhaven auf der Flucht vor einem fremden Mädchen, das unbedingt mit ihr spielen wollte, im Strandkorb verschanzte. Dass das Mädchen anschließend das Strandkorbverdeck zu öffnen versuchte, um an sie heranzukommen, empfindet sie bis heute noch als ungeheuer übergriffig. Sehr gut kann sie sich auch noch an die Ablehnung erinnern, die sie erfüllt hatte, als etwa im gleichen Zeitraum einer ihrer Onkel ihr ineffizientes, aber heiß geliebtes Eimerfüllsystem, bei dem sie ihr Eimerchen mit der Kelle nur langsam mit Wasser befüllte, entzauberte, indem er ihr den Eimer einfach wegnahm und ihn unter den Wasserhahn stellte.

Bis zur sechsten Klasse besuchte Lauren die Waldorfschule. Die meiste Zeit über verspürte sie der Schule gegenüber eine tiefe Abneigung, die sich aus den Zwängen und den als unnormal empfundenen Ritualen speiste. Sie und ihre Freundin, die sich dort ebenso fehl am Platz fühlte wie sie, vertrieben sich die Zeit mit allerlei Unfug: Sie sperrten sich etwa in den Pausen in den Toiletten ein oder ärgerten andere Kinder.

In der sechsten Klasse brachte Lauren den Mut auf, ihren Wechsel aufs Gymnasium durchzusetzen. Die Eltern akzeptierten ihre Entscheidung und sie kam noch während des laufenden Schuljahrs an ein Gymnasium des Christlichen Jugenddorfwerks Deutschland, kurz CJD, wo es ihr deutlich besser gefiel – auch wenn sie in den ersten Jahren noch schüchtern und unsicher war.

Am CJD wurde sie in die Hochbegabtenklasse aufgenommen – eine Entscheidung der Schule, die sie damals nicht so recht nachvollziehen konnte. In den ersten Jahren musste sie sich aufgrund des hohen Lernniveaus wohl mehr anstrengen als in einer normalen Gymnasialklasse, aber das war für sie kein Problem, denn sie war gewissenhaft und fleißig. In der Oberstufe kam sie mit einem deutlich geringeren Lernaufwand bestens zurecht und legte das Abitur mit einem Schnitt von 1,8 ab. Bei den meisten Schülern und Lehrern war sie beliebt, sie selbst aber behielt ihre Vorliebe für wenige Freundinnen und kleinere Freundesgruppen bei. Ab dem Alter von etwa 17 Jahren – da wurde sie attraktiver, verstand sich besser zu kleiden und fing an, die Aufmerksamkeit der Jungs auf sich zu ziehen – gewann sie zunehmend an Selbstbewusstsein. Sie wurde Moderatorin in der Schulband, in der nur Jungs und ihre beste Freundin spielten, ging mit ihren Freundinnen viel aus und wurde extrovertierter.

Nach dem Abitur nahm sie einen Kindheitstraum in Angriff und startete ein Zahnmedizinstudium, denn als passionierte Zahnarztbesucherin und Hobby-Zahnärztin – sie zog anderen Kindern gerne die wackelnden Milchzähne – wollte sie schon immer Zahnärztin werden. Nach kürzester Zeit jedoch merkte sie, dass dieses viel zu technische Studium sie nicht erfüllte und wechselte spontan nach England, in den Bachelorstudiengang für Marketing und Public Relations. Diese Wahl hat sie nicht bereut, denn das Studium entsprach ihren Interessen und Begabungen, die vor allem in der zwischenmenschlichen Kommunikation liegen. An ihrer Universität in England genoss sie die interkulturellen Begegnungen und die offene, liberale Atmosphäre. Neben dem Fachwissen, das sie sich mit viel Fleiß und Disziplin aneignete, lernte sie auch viel fürs Leben.

Durch ihre hohe Begabung gepaart mit Ehrgeiz und Strebsamkeit schaffte es Lauren schnell in anspruchsvolle, verantwortliche berufliche Positionen. Aus einem anstrengenden, unterbezahlten Volontariat in einer kleinen PR-Agentur in Hamburg wurde sie durch eine Autohausgruppe abgeworben, wo sie die Marketingleitung übernehmen und eine neue Marke mit aufbauen konnte. Ihr damaliger Chef ist für sie bis heute ein guter Freund und Mentor geblieben.

Es folgten vier herausfordernde Jahre bei der Konzerntochter eines Automobilherstellers, in einem Betätigungsfeld mit vielen zwischenmenschlich anstrengenden Kämpfen, die sie als fast einzige weibliche Führungskraft unter konkurrierenden Männern auszufechten hatte. Oft fiel ihr dabei die Mentorenrolle zu. In dieser Zeit absolvierte sie nebenberuflich eigeninitiativ ein Studium zum Personal and Business Coach, das sie persönlich sehr erfüllte. Bis heute kann sie sich vorstellen, auf dieser Basis irgendwann selbstständig zu arbeiten.

Aktuell ist sie beim Aufbau einer e-Mobility-Marke in einer Marketing-Position mit Europaverantwortung tätig. Die Arbeit ist für sie spannend und entspricht ihrem Unternehmergeist. Autonomie, Selbstverwirklichung und Struktur sind für sie unabdingbare Voraussetzungen für eine erfüllte berufliche Tätigkeit. Sie arbeitet gern allein und empfindet dies als wesentlich effizienter als Team-Arbeit, schätzt aber auch inspirierende, effiziente Meetings, die ihr die Möglichkeit geben, andere mitzureißen. Anerkennung durch Vorgesetzte und Geschäftspartner, persönliche Weiterentwicklung und realistische Herausforderungen sind für sie ebenso wichtig wie die Identifikation mit dem Projekt, an dem sie arbeitet. Sie selbst hält sich für eine gute Führungskraft, schätzt es jedoch auch, wenn sie – so wie aktuell – keine anstrengende Personalverantwortung tragen muss. Ihre derzeitige, sie eigentlich erfüllende Tätigkeit empfindet sie zugleich auch als erschöpfend, sodass sie die Wochenenden zum Auftanken benötigt.

Lauren ist jetzt Mitte Dreißig, Single und kinderlos. Mit einem passenden Partner könnte sie es sich durchaus vorstellen, Mutter zu werden. Sie glaubt auch, dass sie durch ihr ausgeprägtes Einfühlungsvermögen eine gute Mutter wäre, zudem liebt sie es, sich um Menschen zu kümmern. Die Mutterschaft könnte für sie – als Gedankenspiel zumindest – der Anlass sein, aus ihrer anstrengenden Berufswelt auszusteigen. Sie ist aber auch für andere Lebensentwürfe offen und kann sich ein Leben ohne Kind ebenfalls gut vorstellen.

In einer Partnerschaft sind ihr eine gemeinsame Wertebasis, Begegnung auf Augenhöhe, gegenseitige Wertschätzung und Zuverlässigkeit, aber auch Autonomie wichtig – jeder sollte sein eigenes Leben führen dürfen. Einen Partner versteht sie nicht als Quelle ihres Glücks – dieses müsse jeder in sich selbst finden –, jedoch könne eine gute Partnerschaft zur Verbesserung des eigenen Glücksempfindens beitragen. Ihren großen Freundeskreis, der über ganz Deutschland verteilt ist und sich aus Personen unterschiedlichen Typs und Alters zusammensetzt, pflegt sie aktiv. Sie lädt gerne ein und plant gemeinsame Unternehmungen mit Freunden. Auch wenn sich die meisten Menschen in ihrem Umfeld auf dem gleichen geistigen, sozialen und beruflichen Niveau bewegen wie sie selbst, mag sie den Facettenreichtum und kommt grundsätzlich mit allen Menschentypen gut aus. Da ihr soziales Engagement wichtig ist, betreut sie ehrenamtlich eine nigerianische Asylbewerberin. Was sie im zwischenmenschlichen Miteinander gar nicht mag, sind unstrukturiertes Handeln, Respektlosigkeit, Rückgratlosigkeit und kleinkariertes Denken.

Die hohe emotionale Intelligenz, die sich Lauren auch beruflich zunutze macht, beschert ihr neben atemberaubenden Höhenflügen auch tiefe Selbstzweifel und Ängste. Ihre Gefühlswelt ist intensiv, komplex und erschöpfend. Einem extremen Glücksempfinden an guten Tagen stehen in schlechten Momenten extreme Traurigkeit und Melancholie gegenüber. Einerseits mag sie diese Gefühle, da sie sie das Leben spüren lassen, aber andererseits rauben sie ihr auch viel Energie, sodass sie gerne mehr Kontrolle über sie hätte.

Sie hat die Gabe, sich extrem gut in andere Menschen hineinzuversetzen, und wenn es um Freud und Leid ihr nahestehender Personen geht, dann fühlt sie die Übertragungen oft so intensiv, als sei sie selbst betroffen. Die Kehrseite dieser starken Emotionalität ist, dass sie sich in vielen Situationen überfordert fühlt – etwa wenn es zu voll und zu laut wird oder zu viele Eindrücke auf sie einprasseln. Im Flugzeug und im Zug erleidet sie mitunter leichte Panikattacken, wenn Menschen ihr zu nahe kommen. Nach intensiven sozialen Kontakten, zum Beispiel einem Wochenende mit vielen gemeinschaftlichen Unternehmungen mit Freunden, fühlt sie sich oft ausgelaugt und benötigt ihre Rückzugsphasen. Grundsätzlich zieht sie die Ruhe auf dem Land dem hektischen Leben in der Stadt vor und kann am besten in der Natur und in den Bergen auftanken.

Im Alltag erlebt sie starke Energieschwankungen, die ihr mitunter schwer zu schaffen machen. So hat sie an manchen Tagen das Gefühl, alles erreichen zu können, läuft bei ihrer Arbeit zur Hochleistung auf und ist extrem positiv gestimmt. Schon am nächsten Tag kann es jedoch sein, dass sie sich energielos und von den beruflichen Anforderungen überfordert fühlt.

Lauren beschreibt sich als einen extrem strukturierten Menschen, der sowohl im Beruf als auch zu Hause seine Ordnung benötigt. Bei chaotischem und unstrukturiertem Agieren ihrer Mitmenschen fühlt sie sich schnell überfordert. Die Situation, unter einem unstrukturierten Chef arbeiten zu müssen, empfindet sie beispielsweise als sehr energieraubend. Sie ist – privat und beruflich – Perfektionistin und macht sich zum Erreichen ihrer Ziele selbst viel Druck.

Authentizität und Freiheit sind ihre höchsten Werte. Sie lebt lieber unkonventionell als dass sie sich den Erwartungen der Gesellschaft beugt. Ihr Grundbedürfnis nach Autonomie macht sich auch in der Gestaltung ihres privaten Umfelds bemerkbar: Schon als Kind wählte sie ihre Freunde sehr selektiv aus, wobei sie Einzelfreundschaften stets den Vorzug gegenüber großen Freundesgruppen gab. Generell fühlt sie sich vom „Banalen" schnell gelangweilt. Sie mag außergewöhnliche Menschen und Charaktere, tendiert zu Personen mit Ecken und Kanten – und damit auch zu Männerbeziehungen, die nicht selten dramatisch verlaufen.

Ihre Hochbegabung erlebte sie bislang als überwiegend hilfreich, insbesondere durch die hohe Empathie, die ihr – im Privaten wie Beruflichen – den Umgang mit allen Menschentypen erleichtert. Dennoch sieht sie ganz deutlich auch die Probleme, die sich aus ihrer komplexen Empfindungs-, Gefühls- und Gedankenwelt ergeben. Da sind zum Beispiel die Ermüdungs- und Erschöpfungszustände, die sie immer dann heimsuchen, wenn sie zu vielen Außenreizen ausgesetzt war. Oder psychosomatische Beschwerden, die in anstrengenden Phasen als Folge des selbstauferlegten psychischen Drucks auftreten. Und nicht zuletzt die Verkopftheit, die stetigen Grübeleien, die sich nicht abschalten lassen und immer wieder in depressive Verstimmungen münden. Gerne würde sie mehr im Moment leben, ohne an das Morgen zu denken, so das Fazit ihrer Selbstbetrachtung.

Laurens Bericht veranschaulicht eindrücklich die Möglichkeiten, die Menschen mit hohem intellektuellem und emotionalem Potenzial offenstehen. Er zeigt aber auch den Preis, den Betroffene für ihre außergewöhnliche gedankliche und emotionale Weite zahlen müssen. Lauren wird sich zeitlebens ihrem selbstauferlegten Perfektionsdruck stellen und zudem hart an sich arbeiten müssen, um ihr Leben im Hier und Jetzt zu spüren, anstatt es in ergrübelte Zukunftsprojektionen zu verlagern.

Der Zahlenakrobat

Mit Frank, einem wahren Rechenkünstler, verbindet mich eine langjährige berufliche Zusammenarbeit, die sich über die Jahre auch zu einer privaten Freundschaft gewendet hat. Der Großmeister des Kopfrechnens hat durch zahlreiche Fernsehauftritte, in denen er seinen außergewöhnlichen Umgang mit Zahlen vor einem breiten Publikum unter Beweis stellen konnte, Bekanntheit erlangt. Da Frank ganz besonders auch der Abbau von Ängsten vor Mathematik und die Förderung von mathematisch begabten bzw. interessierten Kindern und Jugendlichen am Herzen liegt, lud ich ihn mehrfach ins Kinder-College ein. Seine Workshops, in denen er seinem jungen Publikum vermittelt, wie man mit Freude und ohne Anstrengung knifflige Mathematikaufgaben im Kopf löst, haben am Kinder-College stets große Resonanz. Ich danke Frank dafür, dass ich ihn für dieses Buchprojekt zu seinem Lebensweg und seinen Lebenserfahrungen befragen durfte und er mir – auch jenseits von seiner Begabung für Zahlen – Einblicke in seine Persönlichkeit gewährt hat.

Frank ist in einer Adoptivfamilie aufgewachsen. Seine Adoptiveltern, der Vater ein evangelischer Pfarrer, die Mutter eine Kirchenmusikerin, boten dem Jungen eine linksintellektuelle, leistungsorientierte

Erziehung. Mit Frank, diesem besonderen Sohn, der sich in vielen Situationen anders verhielt, als man es von einem Kind seines Alters erwartet hätte, waren sie überfordert und durch seine Person stark verunsichert. Frank selbst bescheinigt seinem Verhalten von damals geradezu bipolare Züge: Je nach Anlass war er entweder ausschweifend aktiv und eckte mit seiner quirligen Unruhe an, oder aber längere Zeit sehr ruhig, zurückgezogen und unnahbar. Es war immer ein Verfallen in Extreme, unabsehbar im Wechsel, und Frank zeigt Verständnis für die Hilflosigkeit, mit der ihm seine Adoptiveltern damals begegneten. Sie konnten es einfach nicht wissen, betont er in unserem Gespräch mehrmals, und er könne ihnen die mangelnde Förderung seiner Talente nicht vorwerfen.

Wegen seiner Verhaltensauffälligkeiten ließen die Eltern Frank länger in den Kindergarten gehen, in der Hoffnung, das zusätzliche Jahr würde der psychosozialen Entwicklung des Jungen zugutekommen. Eingeschult wurde er erst mit sieben Jahren in eine Montessori-Schule. Frank genoss und schätzte dort zwar die Freiarbeitszeit, doch kam er abgesehen davon mit dem pädagogischen System überhaupt nicht zurecht. Wegen seiner massiven Störungen des Unterrichts wurde er in der dritten Klasse gebeten, die Schule zu verlassen. Es stand der Besuch einer Förderschule im Raum, doch wurde er schließlich auf einer Regelgrundschule eingeschult, an der es „strammer, zivilisierter" zuging. Die Gymnasialempfehlung, die Frank nach der vierten Klasse erhielt, soll allein auf Basis des mehrdimensionalen Leistungstests und nicht seiner sonstigen Schulleistungen ausgesprochen worden sein. Zu seinem konkreten Abschneiden beim Test liegen ihm keine Informationen vor.

Frank interessierte sich schon als Kind nicht für die typischen

Jungs-Themen. Schnelle Autos kümmerten ihn ebenso wenig wie Fußball. Einmal in der Unterstufe, erinnert er sich, als die Klasse im Sportunterricht Fußball spielte, musste der Sportlehrer ihm sagen, auf welches Tor er schießen sollte – ganz nach dem Motto, er brauche wohl eine Sondereinladung. In der Klasse kam er sich schon mal als Außenseiter vor und fühlte sich mitunter auch „veräppelt", doch denkt er heute, dass das Verhalten, das er damals an den Tag gelegt hat, „ein künstlicher Autismus oder Asperger war, nicht genuin, sondern im Prinzip sozialisiert". Das könne andere dazu einladen, ihre Grenzen auszutesten. Dennoch ist er, trotz seiner Tendenz zum Einzelkämpferdasein, als Kind nie ohne Freunde gewesen, allerdings waren diese zumeist drei oder vier Jahre älter als er selbst.

Von seiner hohen Begabung ahnte Frank zu jener Zeit noch nichts. Dass er mit Zahlen so gut umgehen konnte, viel besser und auf eine ganz andere Art als die anderen in seinem Umfeld, empfand er nicht als besonders spektakulär. Seine mathematische Begabung spielte er stets herunter, als wollte er sie gar nicht wahrhaben. Auch wenn er es sich nie anmerken ließ, war er ein tief empfindsames Kind, das sein Anderssein deutlich spürte und mit Selbstzweifeln zu kämpfen hatte. Dennoch, an eine Hochbegabung glaubte er nicht, das stand für ihn damals nicht zur Diskussion. Er nahm sich lediglich als anders wahr – nicht besser und nicht schlechter, nur anders.

Auf seine Kindheit blickt er mit gemischten Gefühlen zurück. Neben Licht gab es auch viel Schatten, der sich vor allem aus der Unvereinbarkeit seiner eigenen Bedürfnisse mit den Erwartungen seiner Familie, auch der Großfamilie, speiste. Dass er sich innerhalb der Familie als Außenseiter empfunden hat, führt er heute größtenteils auf sich selbst zurück, denn er fühlte sich damals nicht bemüßigt, die

Konventionen, die ungeschriebenen Gesetzte, die das menschliche Miteinander regeln, ausreichend zu beachten. Seine Eltern waren, das ist ihm wieder wichtig zu betonen, mit seinem damaligen Erscheinungsbild und dem Spektrum seiner Fähigkeiten überfordert. Das sei kein Vorwurf, sondern simple Tatsache.

Seine Gymnasialzeit beschreibt Frank als weitgehend unspektakulär. Er engagierte sich in jener Zeit als stellvertretender Schülersprecher und Chefredakteur der Schülerzeitung. Aber auch am Gymnasium habe er in den großen Klassenverbänden mit 30 und mehr Schülern in vielen Fällen seinen Weg nicht finden können. Er fühlte sich grundsätzlich massiv beeinträchtigt, weil er nicht so lernen konnte, wie er es gewollt und gebraucht hätte. Zumeist war er nicht konzentriert bei der Sache, doch er kam irgendwie durch, wenn auch mit wenig Elan. Seine Noten deuteten mitnichten auf den außerordentlich begabten Menschen hin, der er war. Das Abitur schaffte er mit einem Schnitt von 3,7, in Mathematik hatte er eine glatte Fünf. Doch einmal, das war kurz vor dem Schulabschluss, stellte er seine Brillanz publikumswirksam unter Beweis. Ihm war aufgefallen, dass der Computer die dritte Potenz einer auf 6 endenden mehrstelligen Zahl auf 5 enden ließ – während es für ihn klar war, dass diese ebenfalls auf 6 enden müsste. Damals, in den 1980er Jahren, waren die digitalen Rechensysteme noch nicht so ausgereift wie heute und es sei anzunehmen, dass es sich um einen Rundungsfehler handelte. Frank ging mit seinem Fehlerfund in die Öffentlichkeit. Tags darauf hieß es in den Medien, er habe „den Rechner beim Mogeln erwischt“. Frank verstand nicht, warum man seinen mathematischen Scharfsinn damals so spektakulär fand, für ihn selbst war das einfach nur trivial und die ganze Aktion nichts anderes als lustig.

Wie sehr Franks Persönlichkeit von Nonkonformismus und Rebellion geprägt war, zeigt exemplarisch sein Verhalten vor der Musterungskommission, vor der er sich gegen Ende seiner Schulzeit einzufinden hatte. Eigentlich wollte Frank unter Berufung auf Bischof Tutu, der sich klar gegen jegliche Form von Gewalt positionierte, den Wehrdienst verweigern, aber wegen eines Formfehlers wurde sein Antrag abgelehnt. Um dennoch sein Ziel zu erreichen, gab er vor der Musterungskommission so geschickt den unverständigen, aufgedreht-aufmüpfigen Kandidaten, dass die Kommissionsmitglieder an ihm verzweifelten und ihn noch am gleichen Tag zum Neurologen schickten. Dieser erzählte ihm eine halbe Stunde lang vom zweiten Weltkrieg, prüfte seinen Kniesehnenreflex und entließ ihn aus seiner Praxis. Kurz danach erhielt Frank die amtliche Untauglichkeitsbescheinigung.

In die akademische Welt startete Frank mit einem Astronomiestudium, das er jedoch abbrach, als er erkannte, dass zu viel Mathematik dabei war – damit hatte er schließlich schon in der Schule keine positiven Erfahrungen gemacht. Er wechselte zu Informatik. Dort gestaltete sich der Einstieg nicht zuletzt aufgrund eines verständigen Kommilitonen etwas angenehmer. In dieser Zeit nahm Frank Kontakt zum Hochbegabtenverein Mensa auf und ließ sich dort testen. Der extrem hohe Wert, den er im IQ-Test erreichte, belegte seine außergewöhnliche Begabung. Nach Aussage der Psychologin, die ihn begleitete und betreute, war er in der Mensa-Geschichte in Deutschland bis zu jenem Zeitpunkt der zweitbeste Testant gewesen. Diese Erkenntnis brachte die entscheidende Wende in seinem Leben. Er erhielt nun eine angemessene Unterstützung und Förderung, studierte Pädagogik und Psychologie und wurde ermuntert zu promovieren.

Er promovierte in beiden Studienfächern und trägt damit zwei Doktortitel, Dr. paed. und Dr. phil. Den Titel des Dr. phil. erhielt er für die Lösung eines statistischen Problems – dort kam ihm seine außergewöhnliche Begabung für Zahlen zugute. Die Zeit, in der er promovierte, befriedigte ihn jedoch keineswegs, er fand sie unergiebig und mit viel Leerlauf verbunden. Er wollte schnell vorankommen und musste doch wertvolle Zeit mit dem Warten auf die Bewertung seiner Arbeiten zubringen. Durch seine Ungeduld und seine Frustration über die fehlende Wertschätzung eckte er auch an der Universität an und fand sich bei seinem Rigorosum in feindschaftlicher Atmosphäre wieder. Die Alma Mater enttäuschte ihn, sie wurde ihm nicht zur beruflichen Heimat. Er nahm Abstand von einer Habilitation in Pädagogik/Psychologie/Mathematik und der geplanten Professorenlaufbahn. Die Entscheidung hat er bis heute nicht bereut. Die Klagen seiner Kolleginnen und Kollegen in Forschung und Lehre über den zunehmenden Einzug des Mittelmaßes in die Universitäten und die Überfrachtung des Lehrpersonals mit fachfremden Aufgaben kennt er nur zu gut. Er weiß, dass er im universitären Umfeld keine Erfüllung gefunden hätte.

Frank ist heute selbstständig tätig. Er ist ein weltbekannter Mathematiker, mehrfacher Weltmeister im Kopfrechnen, Buchautor und geschätzter Gast in zahlreichen Fernsehsendungen. Darüber hinaus leitet er eine psychologische und begabungsdiagnostische Praxis für (mathematisch) begabte Kinder, berät Firmen in mathematischen Fragestellungen und hält Vorträge über Mathematik und Psychologie. Er leitete mehrfach nationale und internationale Kopfrechenmeisterschaften für Kinder und Jugendliche, ist Beiratsmitglied der Stiftung Rechnen und Mitglied zahlreicher Arbeitskreise, die sich mit Begabtenforschung und Begabtenförderung beschäftigen. Besonders wichtig ist ihm die Arbeit mit mathematisch interessierten (keineswegs nur hochbegabten!) Kindern und Jugendlichen. Seine pädagogischen Methoden sind geeignet, selbst bei nur geringen mathematischen Vorkenntnissen große Fortschritte in sehr kurzer Zeit zu erzielen. Was Mathematik und die Zahlenwelt für ihn bedeuten? Er schätzt sie als besonders verlässliche Lebensbegleiter, als Strukturierungshelfer in der Realität.

Privat ist er mit einer Frau liiert, die, wie er sagt, in vielerlei Hinsicht eine Gleichbefähigte ist. Im Umgang mit Menschen legt er großen Wert auf Loyalität, Ernsthaftigkeit und Berechenbarkeit als unentbehrliche Grundlage für Planungen. Mit seinem aktuellen Leben ist er zufrieden. Es ist ihm jedoch wichtig, für spontan sich bietende Synergien und Chancen offen zu bleiben, denn aus diesen könnten spannende neue Geschäftsfelder und Projekte erwachsen. Kreative Intelligenz betrachtet er als ein essentielles Element menschlichen Seins. Aus nichts etwas zu machen, gute Ideen zu haben und diese auch umzusetzen, ungewöhnliche, nicht sofort ins Auge stechende Assoziationen herzustellen – all das gehört für ihn zur Kreativität und ist Motor seines schöpferischen Tuns.

Heute hat er eine mögliche Erklärung dafür, warum er als Kind und auch später als Jugendlicher so viel Unverständnis und Ablehnung erfahren hat. Er nennt es Verdichtungsphänomen und meint damit die für viele Hoch- und Höchstbegabte typische und folgenschwere Eigenart, beim Denken unbewusst Zwischenschritte wegzulassen. Diese Art zu denken, und folglich auch zu sprechen und zu handeln, könne das Umfeld überfordern und somit zur Quelle für Missverständnisse werden.

Frank hat die Probleme seiner jungen Jahre überwunden. Ohne Förderung durch einfühlsame Eltern oder ihm wohlgesonnene Lehrer und Dozenten, allein durch die Orientierungshilfe einer ihn unterstützenden Psychologin ist es ihm gelungen, seine Begabungen zu erkennen und zu bündeln, sich eine äußerst erfolgreiche berufliche Existenz aufzubauen und die eigene außergewöhnliche Persönlichkeit anzunehmen. Dafür zolle ich ihm allergrößten Respekt.

Der Wahrheitsforscher

Thomas, einen spirituell geprägten Musiker, kenne ich von mehreren meiner öffentlichen und privaten Veranstaltungen, bei denen ich seine außergewöhnliche, wunderbare und berührende Musik kennen und ihn selbst auch persönlich sehr zu schätzen gelernt habe. Er ist ein lieber Gast meiner Gesprächskreise zu verschiedenen Themen und wir sind freundschaftlich verbunden. Thomas, der schon von jeher empfänglich für Transzendentes war, wandte sich nach einer mystischen Erfahrung der Spiritualität zu. Musik ist für ihn die göttliche Berührung, die er mit seiner Geige oder seiner Gesangsstimme zum Ausdruck bringt. Als kenntnisreicher Astrologe lässt er mit seinen fundierten Horoskopen sehr gerne auch andere Menschen an seinem spirituellen Erfahrungsschatz teilhaben. Ich stelle Ihnen nun den Lebensentwurf eines hochsensitiven Menschen vor, der sich der Suche nach den großen Zusammenhängen, der alles umfassenden Wahrheit verschrieben hat.

Thomas wurde 200 Meter vor dem Krankenhaus, das seine Mutter beim Einsetzen der Wehen aufsuchen wollte, aber nicht mehr rechtzeitig erreicht hatte, auf der grünen Wiese geboren. Sein erster Eindruck beim Start ins Erdenleben war der einer aufgehenden Sonne – eine Symbolik, die sein ganzes späteres Leben prägen sollte.

Schnell wurde klar, dass Thomas ein mit besonderen Gaben gesegnetes Kind war. Er lernte schon sehr früh lesen und schreiben; mit vier-fünf Jahren fing er an, die Aufsätze seines neunjährigen Bruders zu korrigieren. Er hatte eine sehr schnelle Auffassungsgabe und litt in der Schule darunter, dass er dem Unterricht grundsätzlich einen Schritt voraus war und immer wusste, was als Nächstes kommen würde. Er verspürte Langeweile und fing an, den Unterricht zu stören. „Das war nicht schön, aber es war so", sagt er heute entschuldigend, aber zugleich auch im Bewusstsein der Alternativlosigkeit seiner Rebellion gegen das Schulcurriculum, das seiner Begabung in keiner Weise gerecht wurde.

In jener Zeit machte er erstmals die Erfahrung, dass alles um ihn herum langsamer war und zudem die meisten seiner Mitmenschen nicht unbedingt nach der Wahrheit – der echten, unverfälschten Wirklichkeit – suchten. Für ihn hingegen war und ist die Suche nach „dem, was wirklich ist", stets auch gekoppelt an ein freiheitliches Empfinden, der rote Faden, der sich seit jeher durch sein Leben zieht. Als Vorschulkind stellte er etwa seiner Mutter wiederholt die Frage, ob das, was sie kochte, gesund sei. Die Mutter bejahte seine Frage jedes Mal schmunzelnd, verstand aber nicht, dass er nicht nur die gewünschte Antwort hören, sondern vielmehr auch wissen wollte, ob es *wirklich* so sei. Auch war es ihm zuwider, wenn die Mutter etwas verbarg, nur um Aufsehen zu vermeiden. Im späteren Leben, etwa in der Schule, war für ihn das Zusammensein mit Menschen, die mehr Schein als Sein darstellten oder es grundsätzlich mit der Wahrheit nicht so genau nahmen, schwer zu ertragen.

In der Schule stellte er schnell fest, dass seine Stärken die Sprachen und das Musische waren, während ihn die Naturwissenschaften überhaupt nicht interessierten. Später, am Gymnasium, konnte er zunächst auch der Philosophie nichts abgewinnen – bis zu dem entscheidenden Moment, als sie im Unterricht das Höhlengleichnis von Platon durchnahmen. Das war für ihn ein Moment der Offenbarung. Er fühlte sich wie elektrisiert, denn er verstand plötzlich, was an der Welt, die ihn umgab, nicht stimmte.

Das Höhlengleichnis ist die Veranschaulichung eines Lernprozesses. Es verdeutlicht, warum Menschen, die gefesselt in einer Höhle sitzen und eine Wand, an der sich Schatten bewegen, als ihr einziges Lernumfeld erfahren, außer Stande sind, die umfassende Wahrheit zu erkennen. Das, was sich auf der Wand abspielt, ist für sie die gesamte Wirklichkeit und schlechthin wahr. Die Menschen suchen gar nicht nach einer höheren Wahrheit, sondern passen vielmehr ihr Leben an diesen kleinen Ausschnitt der Wirklichkeit an und entwickeln sogar eine darauf abgestimmte Wissenschaft. Würde man einem von ihnen die Fesseln abnehmen und ihm die wahren Hintergründe ihrer kollektiven Wahrnehmung offenbaren – nämlich, dass die Schatten durch Gegenstände, die von unsichtbaren Trägern bewegt werden, im Schein eines Feuers an die Wand projiziert werden –, dann wäre dieser Mensch zunächst geblendet und würde seine gewohnte Position einnehmen wollen, um „seine“ Wahrheit nicht aufgeben zu müssen. Verkündete er die neu erfahrene Wahrheit seinen Kameraden, würden diese ihn für verrückt erklären und ihn aus der Gemeinschaft verstoßen. Das Fazit des Gedankenexperiments: Der Mensch müsste sich an den Anblick des Neuen gewöhnen, er müsste seine neue Welt erkunden und verstehen – dann und nur dann hätte er keinerlei Bedürfnis mehr, in die Höhle zurückzukehren und sich mit der dortigen Schattenwissenschaft zu befassen.

Thomas fühlte sich durch diese Symbolik für die Verstelltheit der Welt, die er schon immer als störend empfunden hatte, tief berührt. Er wusste, dass er seine Fesseln ablegen und der Höhle entkommen würde.

In der Musik fand er die Möglichkeit, Transzendenz zu erfahren und auch zum Ausdruck zu bringen. Bereits in jungen Jahren erhielt er Geigenunterricht, klassischen Unterricht, er spielte Etüden und andere Musikstücke, die auf eine virtuose Beherrschung des Instruments abzielen. Doch irgendwann erkannte er, dass das Wesen der Musik nicht in der Virtuosität liegt, und wendete sich dem zu, was er als entscheidend erachtete: das Tonerlebnis, das er heute als Verbindung zwischen Himmel und Erde, zwischen dem Menschen und dem Göttlichen bezeichnet. Alle Virtuosität sei umsonst, wenn der gespielte Ton nicht an das Göttliche erinnere, denn dann verpuffe die Musik wirkungslos für den Menschen. Mit seinen Gesangslehrern habe er großes Glück gehabt, denn auch sie wussten um diese Zusammenhänge, wussten, dass die Seelenkräfte den Körper ergreifen müssten, damit ein Klang entsteht, der den Menschen durch die göttliche Teilhabe anrührt.

Thomas' künstlerische Begabung ist ein Erbe seiner Familie mütterlicherseits. Seine Mutter war Tänzerin und Schülerin von Mary Wigman, die den Ausdruckstanz in Deutschland einführte. Der künstlerische Drang, der ihr innewohnte, blieb allerdings unerlöst, denn mit der Geburt des ersten Kindes entschied sie, sich der gesellschaftlichen Erwartung zu fügen und war fortan nur noch Hausfrau und Mutter. Das habe ihr gewiss nicht gutgetan, fügt Thomas an, denn sie erkrankte später schwer. Zu seinen Vorfahren mütterlicherseits zählt auch der Kirchenkomponist Hugo Distler, der in der Erneuerungsbewegung der evangelischen Kirchenmusik nach 1920 eine wegweisende Rolle gespielt hat. Traumatisiert durch die Repressalien der Nationalsozialisten nahm er sich 1942, mit 34 Jahren, das Leben. Es habe somit viel unerlöst gebliebenes Künstlerisches in der Familienlinie seiner Mutter gegeben, das sich auf ihn übertragen habe, resümiert Thomas. Mit diesem Erbe habe er zurechtkommen müssen.

Die väterliche Linie wiederum prägte seine weltanschauliche Einstellung. Die christliche Lehre spielte in seinem Elternhaus keine Rolle, wohl aber eine weltanschauliche Ausrichtung. Sein Vater, der sich für Anthroposophie interessierte, bescherte dem Sohn im Alter von 17-18 Jahren ein Schlüsselerlebnis, als er ihm eröffnete, dass es kein Ende des Lebens gebe. Wenn der Mensch in den Zustand übergehe, den man Sterben nennt, streifte er lediglich den Körper ab wie einen alten Mantel und er breche – einem sich entpuppenden Schmetterling gleich – in neue Gefilde auf. Diese Eröffnung beeindruckte Thomas sehr, denn sie entsprach seiner eigenen Gedankenwelt. Dass er anders war als andere Jugendliche, stand für ihn zu jenem Zeitpunkt schon fest. Das normale Treiben, insbesondere auch das Balzen zwischen den Geschlechtern, empfand er als unwahrhaftig und heuchlerisch. Die Information, die er nun von seinem Vater bekommen hatte, war für ihn segensreich. Seine weltanschaulichen Überzeugungen verfestigten sich später durch eine entscheidende Begegnung mit der hinduistischen Lehre, in der die Seelenwanderung eine wichtige Rolle spielt.

Eine weitere prägende Begegnung hatte Thomas im Alter von etwa 30 Jahren, als er rein zufällig, über einen Bekannten, eine Astrologin kennenlernte. Er glaubte damals nicht an Astrologie und hatte auch keinerlei Zugang dazu, teilte aber der Frau auf ihre

Frage Ort und Zeit seiner Geburt mit. Vierzehn Tage später, als er die Astrologin erneut traf, wartete sie mit einem persönlichen Horoskop auf, das ihn sprachlos machte. Diese Frau, die ihn bis auf die eine flüchtige Begegnung überhaupt nicht kannte, konfrontierte ihn in einem fünfminütigen Vortrag mit seinen entscheidenden Wesensmerkmalen und den wichtigsten Stationen bzw. schwierigsten Phasen seines Lebens. Durch diese Erfahrung wendete sich für ihn das Blatt: Er wollte in Erfahrung bringen, wie es möglich war, zu so einem Wissen über eine unbekannte Person zu kommen, und fing an, sich mit Astrologie zu beschäftigen. Er besuchte Seminare des namhaften Münchner Astrologen Wolfgang Döbereiner und war tief beeindruckt von der großen Weisheit und auch der Stringenz, die dieser alten Lehre innewohnten.

Im Zuge seiner Beschäftigung mit Astrologie wurde ihm klar, dass die heutige, durch die Rationalität der Aufklärung geprägte Welt dieses archaische Wissen gar nicht mehr verstehen könne. In dem Bestreben, die zerstörerische Herrschaft der mittelalterlichen Kirche zu beenden, sei mit der Aufklärung „das Kind mit dem Bad ausgeschüttet worden", erklärt Thomas. Man glaube nur noch an das, was man mit den eigenen Sinnen wahrnehmen könne, doch würden immer mehr Menschen, gerade auch die geistig tätigen, anfangen zu verstehen, wie viel mit dieser Haltung verschenkt worden sei.

Trotz dieser Erkenntnisse hatte Thomas zu jener Zeit noch keinen Zugang zu Gott bzw. den Kräften, die im Hintergrund wirken. Gott war in seinen Augen eine imaginäre Stütze für alternde Menschen, die Angst vor dem Tod hatten und sich aus Verzweiflung an eine Scheinsicherheit klammerten. Mit anderen Worten: Gott war für ihn nichts.

Seine spirituelle Erweckung erlebte er im Alter von 41 Jahren. Er war in Spanien im Urlaub und erkrankte am Tag seiner Rückreise an einer Mittelohrentzündung, die ihm auf dem Heimflug, bedingt durch die Luftdruckveränderung beim Start und bei der Landung, heftigste Ohrenschmerzen bescherte. Zu Hause angekommen, wurden die Schmerzen immer unerträglicher. Da es für ihn nicht in Frage kam, einen Arzt aufzusuchen oder Medikamente zu nehmen, verbrachte er die Nacht schlaflos, in wachsender Verzweiflung. Um sechs Uhr morgens hatte sich seine Pein ins Unermessliche gesteigert. Er fühlte sich in der Falle. In seiner Ohnmacht verspürte er, der Ungläubige, plötzlich den Impuls, sich an Gott zu wenden und ihn zu bitten, dass er den Schmerz von ihm nehme. Er sieht sich heute noch auf dem Küchenboden knien und wie ein Kind um Erlösung betteln. Was danach passierte, erinnert ihn an einen Science-fiction-Film: Er nahm eine Lichtsäule um sich herum wahr und im gleichen Augenblick ließen die Schmerzen nach. Im Bruchteil von Sekunden wandelte sich sein ganzes Weltbild, denn er spürte nun mit jeder Faser seines Körpers, dass er sich 41 Jahre lang geirrt hatte: Gott war eine Größe, die ihm zur Verfügung stand, wenn er sie brauchte und er sie um Hilfe bat.

Nach diesem einschneidenden Erlebnis veränderte sich Thomas' Leben von Grund auf. Er konnte sich nun den Fragen, die ihn seit jeher beschäftigten – Woher kommen wir? Warum sind wir hier? Wohin gehen wir, wenn wir gestorben sind? – auf einer ganz anderen Ebene nähern. Er fing an zu lesen, sog die Bibel, alle greifbaren Bücher über Spiritualität und Mystik wie ein Schwamm auf und fand schließlich seine geistige Heimat bei Jakob Lorber. Die Bücher des im 19. Jahrhundert in Österreich wirkenden Schriftstellers, Musikers und Mystikers beeindruckten ihn tief, denn in ihnen fand er Antworten auf die großen Fragen des Seins. Zudem halfen sie ihm zu verstehen, aus welchen Quellen sich Lebenskraft und Heilkräfte speisen und wo man folgerichtig bei Heilversuchen ansetzen müsse – und welche unnötigen und nutzlosen Umwege man mit den heute üblichen Methoden oft gehe. Thomas ist sich bewusst, dass diese Art von Literatur von vielen Menschen als irrational empfunden wird, doch stellt er auch klar, dass es sich um Wissenschaft handelt, die mit dem „esoterischen Quatsch", der sich heutzutage in gewissen Kreisen großer Beliebtheit erfreut, nichts zu tun hat.

Nach dem Schlüsselmoment seiner spirituellen Erweckung begann Thomas, sich auch vermehrt und vertieft mit Astrologie zu beschäftigen. Er erfuhr eine große Erweiterung seines astrologischen Wissens, das er bis heute sehr gerne an Ratsuchende weitergibt. Er empfindet Freude und Genugtuung, wenn er den Menschen zu einem besseren Verständnis ihrer einmaligen Persönlichkeit verhelfen kann, denn er weiß um die heilsame Wirkung der Selbsterkenntnis.

Auf ganz besondere Weise wirkte sich die göttliche Offenbarung auf die Beschaffenheit seiner Musik aus, die sich in der Folgezeit aus dem Weltlichen ins Spirituelle verlagerte. Sein musikalisches Schaffen, das zuvor konform mit dem Zeitgeist war, erhielt eine neue Qualität, es wurde zeitlos. Thomas spielt keine bestehenden Kompositionen mehr, auch lässt sich seine Musik keinem der bekannten Genres zuordnen. Heute zielt sein musikalisches Bemühen darauf ab, das Tonerleben zu vervollkommnen. Auf der Bühne überlässt er sein Spiel und seinen Gesang der göttlichen Inspiration, auch genannt Intuition. Seine Musik – Töne, Melodiefolgen und Skalen – ist salopp gesagt das, was in dem Moment „aus ihm herauskommt". Er hat die

Erfahrung gemacht, dass das auch im Ensemble funktioniert, allerdings müssten auch die anderen Musiker über diese Begabung verfügen. Durch diese Art des gemeinschaftlichen Musizierens erschlössen sich ungeahnte Harmoniewelten, die für das Publikum ein tiefgehendes, erhebendes Erlebnis seien. Solche Musik – das würden auch erstklassige Klassik-Interpreten bestätigen – berühre die Menschen auf eine ganz andere Weise als es selbst die größten Meisterwerke der klassischen Musik vermögen. Der beste Ort für solche Musikexperimente sei seine Musikkuppel, die er eigens zu diesem Zweck neben seinem Haus auf dem eigenen Grundstück errichten ließ.

Thomas ist mit einer Tänzerin verheiratet, die sich – wie einst seine Mutter – dem Ausdruckstanz verschrieben hat. Mit ihr bestreitet er gemeinsame Auftritte, die keiner vorbereiteten Choreografie bzw. Partitur folgen, sondern intuitiv aus dem Augenblick heraus geboren werden: Er spielt Töne auf der Violine, singt dazu auch streckenweise, und sie tanzt. Thomas erklärt, dass ihre gemeinsame Kunst mittlerweile kein Reagieren aufeinander, sondern vielmehr eine Verschmelzung darstelle. Er sieht Ähnlichkeiten mit dem Verhalten eines Schwarms, in dem die Vögel ebenfalls nicht aufeinander reagieren, sondern, einem Impuls folgend, gleichzeitig losfliegen und sich selbstständig, jeder für sich, aber innerlich durch die gemeinsame Intuition verbunden, auf die Reise begeben. Diese Art der künstlerischen Betätigung sei äußerst zufriedenstellend und auch für das Publikum sehr bewegend. Ein Ende ihrer gemeinsamen Entwicklung sieht und befürchtet er nicht, denn Altwerden spiele bei ihrer Kunst keine Rolle. Ganz im Gegenteil: Ihre Verbindung werde immer intensiver, das Eintauchen in die Gesetzmäßigkeiten des Tanzes und der Musik immer tiefer.

Es sei verständlich, sagt Thomas abschließend, dass sie mit ihren Auftritten nicht die großen Bühnen der Welt erobern würden, denn dort sei eine andere künstlerische Auffassung gefragt. Aus meiner eigenen Erfahrung kann ich dem hinzufügen, dass die Darbietungen des Ehepaares für entsprechend empfängliche Menschen ein großartiges und erhöhendes, geradezu spirituelles Erlebnis sind, das unabhängig von der eigenen Religiosität unter die Haut geht, bereichert und bestärkt.

Epilog

Bei der Vorbereitung dieses Buches habe ich mir Gedanken darüber gemacht, was diese unterschiedlichen Menschen, die ich vorstellen wollte, trotz ihrer individuellen, kaum vergleichbaren Lebensläufe in ihrem Streben nach Höherem verbindet, was es also ist, das sie so erfolgreich gemacht hat.

Mit der hohen Begabung allein lassen sich diese beeindruckenden Lebenswege nicht erklären. Jeder kennt wohl in seinem Umfeld begabte Menschen, die nach einhelliger Meinung „mehr aus sich hätten machen können", aber aus Mangel an Willen und Strebsamkeit unter ihren Möglichkeiten geblieben sind. Woher aber kommen Wille und Strebsamkeit? Welches sind die Charaktereigenschaften, die ihnen zugrunde liegen? Diesen Fragen versuchte ich nachzuspüren und erstellte zu diesem Zweck eine Liste mit Persönlichkeitsmerkmalen, die in meinen Augen den Schlüssel zur hohen Leistung und zum Lebenserfolg darstellen. Die Protagonisten sollten jene Merkmale ankreuzen, die sie der eigenen Persönlichkeit zuordnen konnten.

Die Liste enthielt folgende Merkmale:

Sehr hohes Engagement bei Interesse an einem Anliegen im Sinne von „sich die Sache zu eigen machen"

Sehr hohe Loyalität
Hohe Kreativität
Hohe Empfindsamkeit
Besondere Korrektheit
Tiefgang
Gründlichkeit
Ernsthaftigkeit
Ergebnisorientierung
Erfolgsorientierung
Problemlösungskompetenz
Vielseitigkeit
Interdisziplinarität
Planungsgenauigkeit und Bedürfnis nach Planungssicherheit
Grenzüberschreitendes Denken und Handeln
Schnelles Einfinden in neue Themen (interessensabhängig)
Kompetenzmotivation
Berufliche Selbstständigkeit
Ästhetisches Empfinden
Wertekonservatismus
Soziales Engagement

Zwar rechnete ich mit einer hohen Zustimmungsrate zu dieser Aufstellung, doch war ich überrascht zu erfahren, dass sich nahezu alle meine Interviewpartner zu 100 Prozent mit diesen Charakteristika identifizierten. Lediglich bei den Punkten *Wertekonservatismus* und *Planungsgenauigkeit/Planungssicherheit* gab es in einigen wenigen Fällen abweichende Angaben. Es ist mir durchaus bewusst, dass die geringe Zahl der hier vorgestellten Beispiele keine Rückschlüsse auf das Gesamtkollektiv der leistungsstarken und erfolgreichen Hochbegabten erlaubt, doch kenne ich auch über die hier Porträtierten hinaus zahlreiche Menschen mit hohem intellektuellem und kreativem Potenzial, die über die genannten Eigenschaften verfügen.

Bevor ich mich dem nach meinem Empfinden wichtigsten Punkt, der Synergie von Begabung und Engagement zuwende, möchte ich eine weitere Gemeinsamkeit der porträtierten Personen herausstellen, die möglicherweise weniger evident, aber dennoch bedeutsam für den Verlauf ihrer Lebenswege ist. Es ist offensichtlich, dass nahezu alle Protagonisten dieser Schrift – und darüber hinaus viele ähnlich veranlagte Menschen aus meinem Bekanntenkreis – große Freude am sozialen Engagement haben, oder vielmehr noch erfüllendes Glück empfinden, wenn sie helfen können. Das mag mitunter ein Zeichen des Mitgefühls mit den Schwächeren und Benachteiligten der Gesellschaft sein, doch könnte es auch der innere Drang sein, die üppigen eigenen Gaben mit anderen zu teilen – oder auch anderen zur Entdeckung ihrer Gaben zu verhelfen. Wir sehen das bei Philipp, dem Tausendsassa, der sich für hochbegabte Kinder und ihre Familien engagiert, bei Joachim, dem IT-Spezialisten, der nach seiner Pensionierung am Kinder-College unterrichtet, bei Frank, dem Zahlenakrobaten, der Kindern Mathematik nahebringen will, bei Lauren, der Marketing-Expertin, die sich trotz ihrer knappen Zeit um Flüchtlinge kümmert, bei Eberhard, dem Lehrer, der sein umfassendes Wissen mit großem Engagement an seine Schüler weitergibt, bei Thomas, dem spirituellen Musiker, dem es große Freude macht, mit seinen Horoskopen den Menschen zu einem besseren Selbstverständnis zu verhelfen, und nicht zuletzt auch bei mir selbst, die sich seit jeher für die Benachteiligten der Gesellschaft einsetzt. Das soziale

Element ist teilweise auch bei den porträtierten Kindern feststellbar, so etwa bei Kian, der eine besondere Beziehung zu einem Mädchen mit Behinderung aufgebaut hat.

Was aber ist der Schlüssel zum großen Lebenserfolg der hier vorgestellten Menschen? In meinen Augen ist es zweifelsohne – neben dem hohen Potenzial – ihr enormes Engagement, das völlige Aufgehen in der Sache, für die sie brennen. Es ist die absolute Hingabe an ein Thema, die sie zu Großem befähigt. Schon bei den Jüngsten sehen wir oft eine intensive, nahezu obsessive Beschäftigung mit dem eigenen „Steckenpferd" – sei es, wie bei Annabell, das Lesen und Klavierspielen, oder die Auseinandersetzung mit Beethoven bei Felix. Vielfach wird damit der Grundstein für besondere Kenntnisse oder Fähigkeiten gelegt, die über die Jahre erweitert und zu echtem Expertenwissen oder -können ausgebaut werden. Am Kinder-College, wo wir mit vielen unserer Teilnehmer über Jahre und Jahrzehnte verbunden bleiben, können wir auf etliche Fälle verweisen, in denen die Interessen der Kinder- und Jugendjahre zur echten Berufung geworden sind und sich nicht selten auch in einer entsprechenden Berufswahl niedergeschlagen haben. Auch bei den erwachsenen Protagonisten dieser Schrift, die erst später im Leben zu sich selbst und ihren Talenten gefunden haben, sehen wir ein grenzenloses Engagement in der Sache, der sie sich verschrieben haben – so etwa bei Frank, dem Rechenkünstler, der sich in vielfältiger Weise für die mathematische Bildung der Jugend einsetzt oder bei Joachim, der als IT-Experte die Digitalisierung der Wirtschaft auf globaler Ebene vorangetrieben hat. Dass der Wertekonservatismus, zu dem sich die meisten Protagonisten bekennen, die hohe Leistungsbereitschaft mitbegründet, ist anzunehmen, jedoch bleibt eine diesbezügliche Kausalität spekulativ.

Mit Hingabe zu arbeiten ist auch für uns am Kinder-College selbstverständlich. Unsere Beratungen enden nicht mit der gebuchten Zeit, wir fassen immer wieder nach, erfragen Fortschritte und Bedürfnisse unserer Klienten und versuchen, unser Angebot entsprechend anzupassen – individuell für jeden Teilnehmer und jede Teilnehmerin, sofern es unsere Möglichkeiten erlauben. Auch wir verstehen unser Engagement als Berufung und arbeiten mit Herzblut daran, den uns anvertrauten jungen Menschen die bestmögliche Hilfe und Unterstützung zukommen zu lassen.

Begabung und Engagement müssen sich offensichtlich zueinandergesellen, damit Großes geleistet werden kann. Nicht umsonst definiert die Wissenschaft Begabungen lediglich als Möglichkeit – und vielfach auch Voraussetzung – für Leistung, nicht jedoch als die Leistung selbst. Die Idee von der Bedeutung des inneren Engagements für das Reüssieren im Leben findet sich auch in Jean-Paul Sartres Philosophie. In seiner programmatischen Schrift *Der Existenzialismus ist ein Humanismus* von 1946 propagiert der französische Schriftsteller und Philosoph die Idee, dass jeder Mensch sein individuelles Wesen durch Entwurf und Engagement aufbaut. Der Entwurf sei durch die Faktizität, also die Summe all jener Faktoren, die ein Mensch nicht selbst gewählt hat, vorgegeben. Dazu zählen Ort und Zeit der Geburt, Geschlecht, das Elternhaus und das soziale Umfeld sowie die politischen, wirtschaftlichen und klimatischen Umstände, unter denen er aufwächst. Auf dieser Grundlage erschaffe sich jeder Mensch Lebensentwürfe, für die er sich in unterschiedlichem Maße engagiere. Die Handlungen eines Menschen zeigten, wie intensiv er sich für seine Entwürfe einsetze, denn jede alltägliche Situation stelle uns vor die Wahl, wie wir handeln wollen. Darin sieht Sartre die Freiheit, aber auch die Verantwortung des eigenen Handelns. Ohne das entsprechende Engagement in der Umsetzung würden auch die besten Lebensentwürfe nicht zum Teil des individuellen Wesens werden. Sie sind dann un*wesen*tlich.

Einige unserer erwachsenen Protagonisten haben durch engagierte Entscheidungen Wege eingeschlagen, die in der Lebenswirklichkeit, in die sie hineingeboren wurden, für sie gar nicht vorgesehen waren. Wir sehen das etwa bei Philipp, dem Tausendsassa, bei der Sprachanalystin Melanie und bei Eberhard, dem humanistisch geprägten Lehrer, die alle aus einfachen Verhältnissen stammen, aus Familien, die ihren unverstandenen, durch eine Laune der Natur oder des Schicksals mit hoher Begabung gesegneten Kindern keine angemessene Unterstützung gewähren konnten. Ähnlich stellt sich die Situation auch bei Frank, dem Rechenkünstler, dar, der von seinen im Grunde sehr bemühten, aber an ihm gescheiterten Adoptiveltern auch nicht die Förderung erfahren hat, die er für eine freie Entwicklung gebraucht hätte. Dennoch ist es ihnen allen gelungen, sich durch intuitive Entscheidungen aus ihrem jeweiligen Milieu herauszukämpfen und die Fesseln, die ihrer geistigen Entwicklung auferlegt waren, abzuschütteln. Eine wesentliche Rolle spielten dabei unterstützende Persönlichkeiten oder prägende Vorbilder – in Eberhards Fall etwa einige seiner Gymnasiallehrer, beim Rechenkünstler Frank die Psychologin, die ihn erkannte –, doch war die Entscheidung, sich diesen Persönlichkeiten zuzuwenden, eine im Sartre'schen Sinne freie, intrinsisch motivierte Handlungswahl der Protagonisten. Bei allen hier porträtierten Personen scheint es, als habe sich die Begabung zwangsläufig, unabhängig vom Herkunftsmilieu, einem unaufhaltsamen Drang folgend Bahn gebrochen.

Doch auch diese Argumentation führt an der ganzen Wahrheit und insbesondere auch an den Bedürfnissen von Menschen mit hoher Begabung vorbei. Unter den erwachsenen Protagonisten können nur Eberhard und Lauren, die von Kind auf eine angemessene Unterstützung und Förderung erfahren haben, einen geradlinigen Lebenslauf ohne Irrwege und Brüche vorweisen. Bei ihnen ist auch von einer bestmöglichen Ausschöpfung ihres intellektuellen Potenzials auszugehen. Die anderen Protagonisten jedoch, die dieses Glück nicht hatten, konnten erst nach mehreren Anläufen in der beruflichen und persönlichen Selbsterfahrung ihre Bestimmung finden – und sind vielleicht trotzdem unter ihren Möglichkeiten geblieben. Diese Irrwege, die in den hier vorgestellten Fällen schlussendlich nicht völlig sinnlos waren, da sie die Protagonisten Schritt für Schritt ihrem Selbst nähergebracht haben, waren dennoch von Leid, Verzweiflung und Selbstzweifeln geprägt und sollten nach Möglichkeit jedem Menschen erspart bleiben. Wie viele begabte Menschen dauerhaft im Labyrinth ihrer Irrwege gefangen bleiben und so für sich selbst und die Gesellschaft verloren gehen, ist mangels entsprechender Erhebungen nicht bekannt, doch handelt es sich mit Sicherheit um ein nicht seltenes Szenario, das mit allen zur Verfügung stehenden Mitteln verhindert werden sollte.

An dieser Stelle möchte ich den Bogen zu William Stern (1871-1938) spannen, dem deutschen Entwicklungspsychologen, der zu den Begründern der Begabungsforschung zählt. Stern erkannte bereits vor hundert Jahren, dass hohe Begabung zwar zu besonderer Leistung befähigt, jedoch nicht der Leistung selbst entspricht. Aus diesem Grund forderte er schon damals, dass für begabte Kinder erweiterte Ausbildungsmöglichkeiten mit spezieller Förderung geschaffen werden müssten. „Dass allen Menschen die gleiche Möglichkeit gegeben wird, sich nach ihrer Art und gemäß ihren Fähigkeiten in ihrer besonderen Weise zu entwickeln", lautete seine Forderung, die heute aktueller denn je ist, zumal sie den begabten Menschen und sein Recht auf Entwicklung und nicht die Früchte seiner Begabung in den Vordergrund stellt. Mit seiner Kritik am „Wunderkindunwesen" in der Drillschule des Kaiserreichs und der Empfehlung einer anregungsreichen und differenziert fördernden Schule legte er den Grundstein für moderne Konzepte der Begabtenförderung.

William Sterns Ansichten bilden auch die Grundlage unserer Arbeit am Kinder-College. Wir setzen uns in der Öffentlichkeit für eine Sensibilisierung in Bezug auf das Phänomen der Hochbegabung ein, denn am Anfang jeder Hilfe und Unterstützung steht das Erkennen der Betroffenen. Dass dies insbesondere im Fall der aufmüpfigen „Problemkinder" Erfahrung und Professionalität erfordert, zeigen etliche der Beispiele in dieser Schrift. Es bedarf des Sachverstands und des Fingerspitzengefühls, diese Kinder so zu betreuen und zu begleiten, dass sie unbeschadet heranwachsen können. Eine individuelle Unterstützung und Förderung, die der Originalität dieser jungen Menschen wertschätzend Rechnung trägt, sind zum Erreichen dieses Ziels unerlässlich.

Die Situation begabter jungen Menschen hat sich nicht zuletzt dank einer wirksamen Öffentlichkeitsarbeit entsprechend engagierter Einrichtungen und Organisationen über die Jahre stark verbessert. So stellen etwa heute alle Bundesländer ein Budget für die Begabtenförderung zur Verfügung – eine Unterstützung, die die Arbeit des Kinder-College überhaupt erst ermöglicht. Zudem hat sich auch in den Schulen die Erkenntnis durchgesetzt, dass hochbegabte Kinder ein differenziertes Lern- und Förderangebot benötigen; allerdings ist die Unterstützung, die die Kinder an ihrer Schule erfahren, stark von der persönlichen Einstellung der Schulleiter bzw. der Lehrer zum Umgang mit Hochbegabung abhängig.

Es bleibt festzuhalten, dass hochbegabte junge Menschen trotz aller Verbesserungen der vergangenen Jahre gesamtgesellschaftlich immer noch erheblichen Vorurteilen ausgesetzt sind. Als Wunderkinder hochgejubelt oder als Sonderlinge gebrandmarkt, erhalten sie vielfach nicht jene Art der Zuwendung, die sie für eine gesunde Entwicklung ihrer Persönlichkeit benötigen. Auch wäre ein deutlich größeres Maß an Flexibilität in der Beschulung von Hoch- und insbesondere auch von Höchstbegabten dringend erforderlich. Mit den Beispielen von Louise und Annabel vor Augen, die sich durch eine Regelschule quälen müssen, die dem Tempo ihrer Entwicklung in keiner Weise gerecht wird, erscheint diese Forderung nur allzu berechtigt.

Auch wenn beim adäquaten Umgang mit Hochbegabung einzig, wie es William Stern schon formulierte, das Wohl der betroffenen jungen Menschen im Fokus stehen muss, darf nicht außer Acht gelassen werden, dass die Thematik auch eine gesellschaftliche Tragweite hat. Wie es die Erwachsenenbeispiele in dieser Schrift belegen, sind Hochbegabte oft Leistungsträger der Gesellschaft, die mit intellektueller Brillanz, Kreativität und Innovationskraft die menschliche Gemeinschaft voranbringen können. Begabtenförderung ist somit eine lohnende Investition, doch ist sie auf einen gesamtgesellschaftlichen Rückhalt angewiesen.

Für diesen Rückhalt will ich mich auch künftig mit dem Gewicht meiner langjährigen professionellen Erfahrung einsetzen, denn Verständnis und Akzeptanz sind der einzige Nährboden, auf dem Hochbegabung gedeihen kann. Helfen wir alle mit, diesen Nährboden zu bereiten, damit begabte junge Menschen ihre schillernde, einzigartige, motivierte und engagierte Persönlichkeit ohne leidvolle Irrwege zur Entfaltung bringen können.

Danksagung

Mein innigster Dank gilt meinen Freunden und Kollegen sowie den Eltern und Kindern, die ihre Lebensgeschichten mit mir geteilt und zur Veröffentlichung freigegeben haben. Ich danke ganz herzlich allen, die mich darin bestärkt haben, dieses Projekt zu verwirklichen. Mein besonderer Dank geht an Heribert, ohne den dieses Buch nie entstanden wäre. Herzlichen Dank an Andrea Schäffer für das sorgfältige Redigieren des Manuskripts und danke auch allen anderen, die zum Erscheinen dieses Buches beigetragen haben.

Helga Thieroff, im Juli 2021